中國名人探秘

主編 賈文紅

好讀出版

前　言

　　滾滾長江東逝水，浪花淘盡千古風流人物，中華歷史每走到關鍵處，總要出現幾顆辰星，或明或暗，閃耀在歷史的天空。他們之中有英雄豪傑，也有跳樑小丑；或流芳千古，或遺臭萬年。因為他們的出現，才演繹了中國歷史的奇麗壯闊與豐富多變。他們身上濃縮了華夏數千年的風雨歷程，彰顯著中國人性的善惡與美醜。

　　雖然推動歷史發展的是各種因素的合力，但有時，特定人物對於歷史的走向在某種意義上負有決定性的作用，影響了歷史的進程，或興了一個國家，或亡了一個王朝；或推進了歷史的進程，或延遲了歷史的腳步。

　　唐太宗李世民曾說：「以銅為鑒，可正衣冠；以史為鑒，可知興替；以人為鑒，可明得失。」一切歷史劇都是現代劇，一切歷史人物都折射著當代人的影子。我們現代人應從古人的成敗得失中學到歷史智慧和人生經驗。總結其失敗的教訓，讓人生少一段彎路，讓弱者強、強者勇；從成功中吸收有益的經驗，讓生命多一分精彩，讓勇者智、智者成，做到明史達變，鑒往知來。要達到以上目的，閱讀、學習和研究人物傳記是一種很好的方式。好的人物傳記，能夠系統全面再現傳主的人生歷程，是寫得很細的歷史，能給我們豐富的人生啟迪。

　　本書有以下特點：

一、精選傳主、人人傳奇

　　擇取了深富歷史影響、極具個性且來自不同領域的名人，為之立傳。他們之中有風範垂世的思想大家；有運籌帷幄的智

士謀者；有清高飄逸的隱士文人；有風流倜儻的才子佳人；有叱吒風雲的賢臣良將；有才貌雙全的章台名柳；有縱橫沉浮的商界巨賈；也有淫逸放蕩的亂國紅顏，以及厚黑亂政的宦海奸佞。

二、編撰權威、客觀公正

本書是多位史學傳記權威專家的傾心力作，以正史和實錄為依據，採擷歷代野史、文集、筆記、詩賦、逸聞和考古資料；以深厚的歷史功底與客觀的文學評議審視人物，詳盡描寫和刻畫了每個傳主的真實面目，忠於客觀史實；以生動活潑、清新雋永的文筆使每個傳主的音容笑貌、品性情趣各展風采，使其功過是非、言行政績有所評定。文筆的流暢和敘事的生動使其雅俗共賞，將普及與研究、通俗與學術融於一體。

三、以圖讀傳、首開先河

全書以兩千餘幅精美圖片，對每個傳主生平的各個層面都以圖相釋。以孔子為例，在其出生時，有「孔子出生圖」、「尼山」；在其成長時，有「孔子舊居」；在其為師時，有「杏林」、「孔子講學圖」；在其遊說列國時，有「孔子周游列國圖」、「孔子赴齊圖」、「衛靈公問陣圖」；在他四處碰壁、退修詩書時，又有「大易粹言」、「四書五經」的書影；還有春秋時最具代表性的青銅器和編鐘。這些圖片多為歷史珍寶，具有極高的藝術價值、欣賞價值、史學價值與文化價值。又經過高超的技術處理，使其精美絕倫，傳形如真。故此書不僅適於閱讀，也適於珍藏和饋贈。

目錄

目錄

目錄

目錄

孔子

在中國歷史上，孔子是具有劃時代意義的人物。戰國時代，儒墨並稱「顯學」。儒家的創始人就是孔子，他以布衣之身聞名於世。早年爲了立足於世，多於「禮」下工夫，提出了「克己復禮，仁也」的主張。他開辦教育，並抱經世濟民之志而遊說諸侯各國，以其人格魅力和感召力澆鑄了中華民族的品格。相傳孔子有門人三千人，高足七十人。晚年他致力於整理文獻典籍，有《詩》、《書》等，後世將其稱爲「六經」，亦或「六藝」。

一、生於亂世

孔子名丘，字仲尼，生於西元前五五一年。他的祖先是宋國人孔防叔。防叔生了伯夏，伯夏生了叔梁紇。傳說孔子是叔梁紇與姓顏的女子野合生下的。孔子一生下來，頭頂中間低，四邊高，很像尼丘山。他的父母爲他取名爲丘，字仲尼。

孔子出生於亂世。他出世時，中國歷史正處於春秋末期的社會大變動。當時，中國社會正從奴隸社會向封建社會轉型。舊的制度日益崩潰，而新的制度還沒有建立起來，整個社會動蕩不安。

政治上，東周天子已經無力控制屬下的諸侯國，而各諸侯國中也出現了大權旁落、卿大夫專權的現象，天子、諸侯、卿、士大夫這種等級森嚴的宗法秩序也被打亂了。

孔子出生圖 明 選自《名人繪聖跡圖》

　　思想文化方面也發生了深刻變化。夏商周三代，十分濃厚的天命鬼神觀念受到衝擊；貴族壟斷教育的傳統制度也維持不下去了；智識開始下移，出現了私人講學現象。

　　在孔子的出生地魯國，這種舊制度崩潰的跡象更為明顯。魯國曾是著名的「禮樂之邦」，但此時已處在「禮崩樂壞」的狀態中。

　　孔子生於亂世，三歲時父親病故，家貧又沒有靠山，迫使屬於「士」階層的孔子不得不自貶身價，從事一些在當時被認為卑賤的職業。

　　然而，正是這種逆境激發了孔子好學向上的志向，他十五歲便確立了學習的志向，從此便如饑似渴地學習，「三人行，必有我師焉」。孔子博學、好聞、審思、明辨的精神在早年就可見一斑。他曾向老子請教過禮制，跟萇弘學習過音樂。到了三十歲左右，孔子博學的名聲逐漸大起來，並收了第一批弟子，其中包

尼山

尼山原名為尼丘山，因孔子名丘，為避諱，易名尼山。尼山為孔子出生地，孔子父母禱於尼丘而得孔子，孔子因而名丘，字仲尼。

括了年紀只小他九歲的子路。連在魯國掌權的貴族孟氏，也讓兒子拜孔子爲師，觀光學禮。

二、弟子三千

　　孔子一生中有大半時間從事傳道、授業、解惑的教育工作。他首創私學，開門授學，打破了「學在官府」的舊制度，突破了貴族對文化知識的壟斷，促進了文化知識在民間的傳播。

　　孔子提倡「學以致用」，他的教學目的，在於培養爲實行「禮治」和「仁政」所需的人才，把「學」與「道」聯繫起來。孔子創造了一套卓有成效的教育教學方法。「因材施教」是孔子的一條重要教學原則，即針對每個學生的個性和優缺點，循循善誘，儘量發揮其長處。在教

學方法上，孔子重視啓發式教育，要求學生舉一反三，由此及彼地進行推理和分析，如此培養學生學習自覺性和獨立思考能力。此外，孔子還總結倡導了一套正確的學習原則，譬如「學而知之」的思想理論，「學而不思則罔，思而不學則殆」的學習與思考並重的精神，還有「知之為知之，不知為不知」的老老實實的學習態度，以及「不恥下問」的敏學態度等等。

孔子對學生的影響，一部分是透過言傳，透過學習古代文獻傳授各種技藝，而更多的、更為深刻的則是身教。他的勤奮好學，他對真理、對理想、對完美人格的追求，他的正直、善良、

謙虛、有禮，他對國家的忠誠與對百姓的關心，都深深地感染著他的學生和後人。

相傳孔子有弟子三千，賢弟子七十二人，在德行方面表現突出的有顏淵、閔子騫、冉伯牛、仲弓；在語言方面表現突出的有宰我、子貢；辦理政事能力較強的有冉有、子路；熟悉古代文獻

孔子講學圖　明　佚名

三、仕途艱辛

孔子不僅博聞多識，而且畢生致力於為政和為人之道。他主張「學而優則仕」，希望依靠自己的廣博學識走上從政道路。然而，仕途的大門卻遲遲沒有向他敞開，直到年過半百之後，他才獲得了從政的機會。

孔子由於對魯國大夫季氏專權感到不滿，逃到齊國，曾一度得到齊景公的垂青。齊景公向他詢問治國之道，孔子答：「君君，臣臣，父父，子子。」也就是說，君臣父子都應該依照傳統的禮制和道德規範行事，不可越軌。然而孔子的才華遭到齊國大臣的妒忌，不僅執政大臣晏嬰不贊同他的政治主張，其他大臣甚至也想謀害孔子。孔子得不到齊

的有子游、子夏。在孔子的弟子中，有不少人都做出了一番成就，對於當時政治，尤其是對於孔子思想的傳播，對於儒家的形成和發展，產生了重要作用。

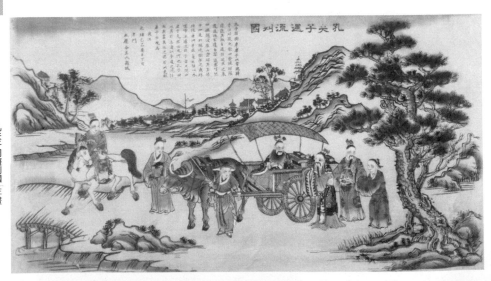

靈公問陣　明　選自《孔子聖跡圖》

景公的重用，只好離開。

　　孔子在齊國住了兩年光景，三十一歲返回魯國。因爲對國內政局混亂不滿，他對當官採取迴避態度，一心繼續私人講學，希望透過教書育人，對政治施加影響。

　　西元前五○二年，孔子由於拒絕叛臣陽虎的拉攏，取得了國君魯定公和執政大臣季桓子的信任。第二年，五十一歲的孔子被任命爲「中都宰」──中都地方的長官。他做得很出色，一年之後，被提升爲「司空」──主管建築與道路等事務的長官；不久又升爲「司寇」──掌管司法的長官，兼理外交事務。孔子的仕途前景光明。

　　西元前五百年，齊魯兩國在夾谷會盟。在舉行會盟儀式時，齊國妄圖侮辱魯國，奏起了邊疆地區的音樂，還讓侏儒和小丑上台耍笑逗樂。孔子識破了齊國的險惡用心，義正辭嚴地以當時通行的禮法責備對方，並把小丑和侏儒處以腰斬的酷刑，保全了魯國的尊嚴，使齊國的陰謀沒有得逞。這次外交勝利提高了魯國的地位，孔子的政治聲譽也因而鵲起。

　　西元前四九八年，孔子建議魯定公下令拆除叔孫氏、季孫氏和孟孫氏三家的城牆，打擊割據

變形獸面紋鐘　春秋晚期

孔子不仕退修詩書　明　佚名

孔子的功績，一在整理古代文獻，二在立學傳教，為中國傳統文化的承先啟後發揮了重要作用。此圖描繪了孔子不仕而退修詩書、辦私學，整理傳授《六經》的情景。

勢力。

孔子參政以後，魯國的政治大有起色，這可嚇壞了相鄰的齊國。齊國怕魯國重用孔子後，國力將強大得難以控制，於是想盡辦法從內部進行破壞。他們知道魯定公和季恆子都是好色之徒，便施展美人計，送了八十名美女、三十輛華麗的馬車給魯國，魯定公和季恆子從此便沈湎於酒色，再也不過問政事了。

孔子感到自己不能繼續施展政治抱負，再留下來也沒有什麼意義，於是辭職離開了魯國，開始周遊列國。

四、周遊列國

孔子離開魯國後，在外漂泊長達十四年之久，先後到過衛、匡、蒲、曹、宋、鄭、陳、蔡、晉、楚的邊境，並反覆進出衛國。

衛國是孔子周遊列國的第一站。衛靈公剛開始很尊重孔子，按照孔子在魯國的俸祿標準發給他粟六萬斗，但並沒有給他什麼正式官職，也沒有讓他參與任何政事。孔子在衛國住了約十個月，因有人在衛靈公面前進讒言，衛靈公對孔子起了疑心，派人監視孔子的行動，於是孔子就帶著弟子離開衛國，打算前往陳國。

孔子一行人路過匡城時，因為被誤認為是曾經騷擾過匡地的陽虎一夥，被人圍困了五日。

一場虛驚過後，孔子離開匡邑，想去晉國。剛到達蒲地又碰上衛國貴族公叔氏發動叛亂，再次被圍。逃脫後，孔子又返回了衛國，衛靈公聽說孔子師徒從蒲地返回，感到非常高興，親自出城迎接。孔子此後在衛國住了兩年。

但年邁的衛靈公對於治理國家並不起勁，雖然尊敬孔子，卻無意讓他參政，只是偶爾讓夫人召見召見他，隨車陪駕，招搖過市。孔子對此很失望，感到久居無益，兩年後又離開了衛國。

這次，孔子一行輾轉經過曹國、宋國、鄭國，來到陳國，在陳國住了三年。後來吳國攻打陳國，弱小的陳國無力自保，局勢危險，孔子只好帶著弟子離開陳國。

在經過陳、蔡兩國交界處時，正遇上吳、楚兩國交兵，孔子師徒被亂軍所圍，但是孔子還是堅持每天教學，照樣談笑風生。他教育弟子：「君子固窮，小人窮斯濫矣！」意思是說，君子即使處於窮困的境地，也不會改變操守，要是小人遭遇窮困，就要越軌胡來了。另外，他還派口才出眾的子貢去同楚軍交涉，終於在楚軍保護下，死裡逃生。

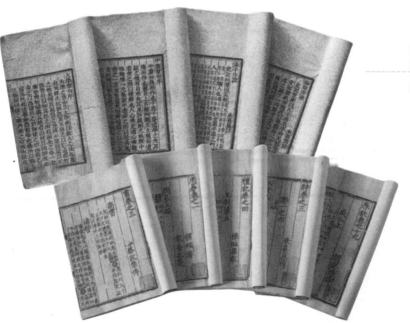

《四書》書影

《五經》書影

頭。孔子只得離開楚國，回頭北返。

歸途中，孔子遇到楚國狂士接輿，接輿唱道：「鳳凰啊，鳳凰，你的德行為什麼如此不受重視？過去的已經無法挽回，但未來的還可以補救！算了，算了，如今從政的人都很危險啊！」孔子聽到這裡，聯想起自己轉遊各國，道途艱辛，但仍一事無成，而自己又已垂老矣。不過即使如此，孔子仍不主張消極避世，而是「明知其不可為而為之」。

最後孔子又來到衛國。這一次，他在衛國住得比較久。雖然他本人因不滿蒯聵與衛出公二人不遵父子之道，拒絕當官，但他的弟子有的在衛國身居高位，有的回魯國做了大官。年邁的孔子

當時的楚昭王想重用孔子，但遭到滿朝文武大臣的反對。國相子西認為，孔子有實現周公事業的想法，如果給他封地，再加上賢能弟子的輔佐，將會對楚國構成威脅。楚昭王就此打消了念

身居異鄉，越來越想念自己的祖國。在衛國居住五年之後，他終於回到闊別十四年之久的故土。

五、著書立說

孔子晚年能順利歸魯，得益於他的弟子。

魯哀公七年，吳與魯在于鄶會盟，魯國被迫進獻厚禮，吳國還要求魯國的執政大臣季康子去朝見，幸虧子貢從中交涉，才免受屈辱。第二年，吳國攻打魯國，又是以有苦為首的七百勇士誓死抵抗，才打退吳兵。魯哀公十一年，冉求率領「季氏之甲」擊退齊軍，立了戰功，深得季康子賞識。冉求極力向季康子推薦孔子。季康子便派人帶了重禮迎孔子回國。

「萬世師表」石刻
清康熙帝為曲阜孔廟聖跡殿手書，說明後代帝王對孔子的尊崇。

孔子回魯以後，魯哀公和季康子以「國老」之禮相待，並向他請教治國之道。但季康子的施政方法卻與孔子的政治思想完全相背。季康子對魯國盜賊眾多表示擔憂，向孔子求教應如何治「盜」，孔子卻說：「如果你自己沒有貪慾，那麼即使給予獎賞也不會去偷盜。」這實際是諷刺季康子的窮奢極慾。

魯哀公十四年，齊國發生了一件大事，國相田常殺死了齊國

孔林
孔林又稱「至聖林」，是孔子及其家族的墓地。經歷代帝王不斷賜田、重修和擴建，現總面積達二平方公里。林內古木參天，碑碣如林，石儀成群。

君王簡公。

以下犯上，以臣弒君，這是孔子最不能容忍的大逆不道。所以他拜見了魯哀公，請求出兵伐齊。但魯哀公卻說：「齊強魯弱，怎麼能去討伐呢？」讓他去找執政的季康子商量。

季氏由於在內政外交上與孔子不和，又經常受到孔子的批評和諷刺，當然不會理睬孔子。

孔子由於一再在政治上遭受冷落，在晚年便把全部精力用在文化教育事業上，努力搜集和整理古代文獻，作為教授弟子的課本。

孔子時期，周室衰微，禮樂敗壞，《詩》、《書》等典籍殘缺不全。孔子追溯夏、商、周三代的禮儀制度，重新編成《書傳》，上起唐堯、虞舜之時，下至秦穆公時期，按歷史時序排列史事。考察了夏、殷以來禮制增減的情況後，孔子說：「從此之後，即使過了百代，禮制的增減情況都可以掌握，不外乎是文彩和質樸的交替。周朝借鑒夏、殷兩朝的禮制而確定自己的禮儀制

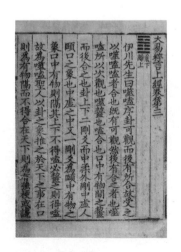

《大易粹言》十二卷

度，真是豐富多彩啊！我遵從周朝的禮制。」《書傳》、《禮記》都是孔子編訂的。

古代留下來的《詩》有上千篇，孔子刪去重複的部分，選取可以用於禮儀教化的篇章，共三百零五篇，所以《詩經》又稱「詩三百」。孔子將這些詩全部配樂，禮樂制度從此才得以稱述，使得王道完備，六藝齊全。在編著《詩》時，孔子闡發了他的文學觀念：「詩三百，一言以蔽之，曰：思無邪。」這既符合統治階級的正統思想，又規定了中國整個封建社會的文學創作方向，另外，他還提出「興、觀、群、怨」的詩學理論，闡釋文學的社會功能，對後世具有很大的啓發作用。

孔子晚年喜好《易》，反覆研讀，以至於「韋編三絕」，即把串竹簡的皮繩都磨斷了三次。作為《易》的組成部分的「十翼」，即解釋經文的傳文，有人說是孔子所作，亦有後人假託孔子之名所作之說，均與孔子有關。

《春秋》本是魯國的編年史，孔子對其進行加工訂正。據說孔子在寫作《春秋》時，他該寫的就寫，該刪的就刪，連子夏等人都不能插嘴。孔子說：「後世人知道我孔丘是因為《春秋》，而怪罪我孔丘也是因為《春秋》。」

可以說，在先秦時代所有的學派和學者當中，孔子在保存、整理古代文獻方面，做出的貢獻最大。他對保存中華民族的古代文化遺產，具有不朽的功績。這些文獻，如《詩》、《書》、《禮》、《樂》，後來都被孔子作為教學內容傳授給弟子。

然而厄運並沒有放過他。孔子六十九歲那年，他的獨生子孔鯉死了，老年喪子，乃是一大哀事。第二年，孔子最喜愛的弟子顏淵也死了，孔子悲痛不已。再下一年，在衛國當官的子路在宮廷鬥爭中被株連，慘死於衛國政變。

孔子墓

位於孔林中部偏南，洙水橋北享殿後院內，其形似隆起的馬背，稱為「馬鬣封」，是一種顯示尊貴的墳墓形式。

大成殿

此殿為孔廟的主體建築，也是舉行祭孔儀式的正殿。黃瓦蓋頂，重簷九脊的宮殿式設計，氣勢磅礡，馳名於國內外，與故宮太和殿及泰安岱廟天貺殿並稱為「中國三大殿」。

獨子和兩個心愛的弟子相繼死去，使孔子在心理上遭到重大打擊，他在子路遇害的次年，就在悲痛的境遇中病倒了，從此一病不起。

一天，孔子強撐著身子，拄著拐杖到戶外散心，子貢來看望他。孔子深情地說：「賜，你怎麼來得這麼晚啊？」接著又歎息著唱道：「泰山就要崩塌了！樑柱就要折斷了！哲人就要凋謝了！」一邊唱一邊潸然淚下。接著，他又對子貢說：「天下失去常道已經很久了，沒有人能遵循我的主張。夏人死後棺木停放在東面的台階，周人死後棺木停放在西面的台階，殷人死後棺木停放在廳堂的兩柱之間。昨天傍晚，我夢見自己坐在兩柱之間受人祭奠，我本來就是殷人啊！」七天後，孔子與世長辭。

孔子享年七十三歲，於魯哀公十六年（西元前四七九年）四月己丑日去世。

孔子逝世後，魯哀公致以表示哀悼的誄詞，然而這些身後榮辱對孔子又有何意義？

六、身後榮辱

　　孔子無論生前死後，其崇拜者都不可勝數。他的弟子子貢將他比成不可逾越的日月，荀子更將他與古代的「三王」並稱。

　　孔子逝世後，魯哀公將孔子故居改建為廟，收藏孔子生前用過的衣冠、琴、車和書簡等。相傳魯國每年按時到孔子墓地供奉祭祀，儒生們也在孔子墓地講習禮儀，舉行鄉飲、大射等儀式。

　　除去焚書坑儒的秦朝，孔子在整個封建社會都備受推崇。尤其是到了漢朝，漢武帝「罷黜百家，獨尊儒術」，以《五經》立於學官，儒家思想成為欽定的正統思想，作為儒家創始人的孔子，其地位遠遠超過諸子，甚至被尊為「素王」。西漢史學家司馬遷評價孔子時說：「天下的君王乃至賢人實在太多了，活著的時候都很榮耀顯赫，一旦死去就消失得無影無蹤。孔子只是個平民，可他的名聲和學說卻流傳了十幾代，學者們仍然推崇他為宗師。從天子到侯王，凡是講論六經道藝的人，都把孔子的學說當作是判斷和衡量的最高準則，孔子可說是至高無上的聖人了！」

呂不韋

呂不韋，戰國末期人，商賈出身。因輔佐始皇登基有功，被始皇尊稱為「仲父」，任秦國相國，一時權傾朝野，府中食客三千。為了讓自己留名，他讓府中食客編著了一本《呂氏春秋》，這本書形式統一但內容多樣，從而開創了雜家體例。後因嫪毐一案被免去相職、遣散封地。怕其造反，始皇寫了一封信嚴厲斥責呂不韋，受到威脅的呂不韋飲鴆自殺。呂不韋的一生，充分體現了其作為商人的特點——精明，他做每一件事都是為利益所驅使，也正因為如此，一旦他的利益受到損害，便奮起反擊。結果，他與嫪毐的爭鬥最終招來了殺身之禍。

一、奇貨可居

呂不韋出生之時，衛國已日漸衰敗。為求發展，約在西元前二六五年，呂不韋便來到嚮往已久的趙國國都邯鄲。邯鄲城的繁華，讓呂不韋眼花撩亂。他一邊花天酒地，流連於歌樓舞榭之間，另一邊也沒有忘記他是為獲取財富而來的，是為了要搜索一種能獲取大大盈利的商品。

很快地，這種一本萬利的貨物被呂不韋發現了。當時秦公子異人正在趙國為人質，戰國時代各諸侯國間互派人質，多數是為聯合抗秦；而秦與六國交換人質，則是所謂的「遠交近攻」的策略。

讓異人充當這個倒楣的差使是有來由的。他的父親安國君原本不是太

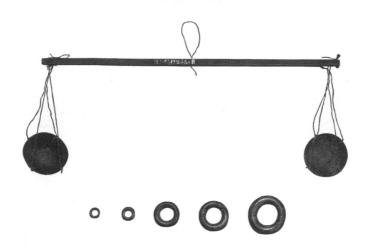

子，西元前二六七年，原本設立的太子早逝，安國君才坐上太子之位。然而，秦昭王長壽，直到安國君五十三歲時才離開人世。安國君有二十幾個兒子，而異人只是其中一個，既不是長子又不受寵。異人來到趙國後，在秦趙兩國關係友好時，秦王孫——異人自然被奉為上賓，可是一旦遇到兩國關係緊張的時候，他就成為階下囚。

初到邯鄲，呂不韋就聽說有一位秦國貴族困居在此，經過多方探聽，他把異人的身世、家庭關係、目前處境及其他方面都瞭解得一清二楚。後來，當呂不韋見到這位落魄的王孫時，憑他多年經商的經驗，一眼就看出：多方尋覓的寶貝就在這裡！不由得脫口而出，留下一句名言：「此奇貨可居。」呂不韋趕回家裏告父親，自己找到了可盈利的「奇貨」。

西元前二六二年，呂不韋再一次來到邯鄲，他來到了異人的住所，與異人進行了一番推心置腹的交談，並說他願意傾其所有，資助異人實現遠大抱負。異人聽後感恩戴德地說：「如果您的計劃能實現，我當了秦國的國王，秦國一定歸我倆共有！」

呂不韋與異人敲定後，立即照計劃執行。他先拿一部分錢財供異人結交賓客、朋友，藉以積蓄力量，準備回國奪權。而呂不韋則攜帶奇珍異寶，向西奔秦而去。來到秦國，他很快就結識了當時受寵的華陽夫人的胞弟陽泉君，向他們遊說了一套可以使他們避災得福的辦法。當呂不韋將在邯鄲與異人策劃的方案全盤托出時，陽泉君大喜，急忙轉告姐姐，使華陽夫人明白了「以色事人」不能長久，「年老色衰」就會失勢的淺顯道理。

無子的華陽夫人於是決定收異人為兒子，並誘勸安國君立異人為繼承人。

既然地位變了，異人當然不能再當人質了。呂不韋施展他遊說的本領，使趙國同意送異人回國。正當異人和呂不韋歡天喜地地打點行裝準備回國之際，不料秦趙間爆發了「長平之戰」。趙王改變主意，禁止異人回國。

金銀鑲嵌青銅虎噬鹿屏風台座 戰國

二、獻邯鄲姬

當異人被困趙國時，正逢「長平之戰」，呂不韋也找不到逃難的機會。在此期間，呂不韋又成功做成了一筆交易。

謠傳在邯鄲，呂不韋早就選中了一個姿容豔麗又能歌善舞的年輕女子與其同居。一天，當這位邯鄲姬告訴呂不韋自己已懷孕時，他計上心來，當晚就請異人到自己住宅飲酒。

貪杯好色的異人得知，欣然赴約，席間見到風流、豔麗動人的邯鄲姬陪酒，立即就被迷住了，當下即向呂不韋提出將美人贈給他的要求。假裝盛怒的呂不韋不久就主動將美姬送給異人，使異人感激涕零，把身懷呂不韋孩子的邯鄲姬接回住所，過起了恩愛的夫妻生活。西元前二五九年正月，邯鄲姬生下一個兒子，取名爲「政」，稱嬴政，即後來的秦始皇。這是呂不韋的又一筆投資，它的效益要在異人下一代國君身上收回。

嬴政的誕生留給了歷史一個千古之謎。一些記載說，秦始皇

戰國時期貴族服裝復原圖

戰國時期紡織業有了很大發展，首先發明了腳踏板織布機；可手腳並用，大大地提升了生產效率，其次，提花工藝和刺繡技術的廣泛應用使得紡織品的品質提高。

玉馬　戰國

呂不韋

中國名人探秘

26

呂不韋戈　秦

辱之詞，不足爲據。可是仔細考查呂不韋和秦始皇的一生，以及後世相關資料，可以肯定後一種說法是缺乏根據的。因爲：第一，證明嬴政和呂不韋關係非同一般的記載不僅是一、二處。第二，即使邯鄲姬「大期」而生政，也不能排除他們有血緣關係的可能。因爲呂不韋與邯鄲姬的私通，並未因她與異人結婚而中斷，這種關係一直延續到嬴政繼承王位之後。

異人在邯鄲娶姬生子，樂不思蜀。誰料風雲變幻，這期間戰事發生了變化，給已淡卻回國之心的異人創造了歸秦條件。

當時秦軍正乘勝進攻邯鄲，白起率領得勝之師攻擊，趙國的覆滅已指日可待。

的生母嫁給異人之前，就已懷著呂不韋的兒子，這是精心設計的。另有記載說異人之妻「大期」而生子政。「大期」是指超過十二個月，所以不可能是呂不韋的兒子；說秦始皇是呂不韋的私生子，乃是當時和後來恨秦始皇的人攻擊、污

鎏金鑲玉帶鉤　戰國
帶鉤是中原金銀器的一種主要製品，由金、琉璃和銀鑲製而成。

呂不韋 中國名人探秘

然而當白起攻克上黨，等待秦王發出進攻命令時，秦國內部卻產生了衝突。白起遲遲未接到發兵的命令，因而失去佔領邯鄲的機會，被困在城中的異人卻因此避免了一場厄運。在呂不韋和他用錢財結交的賓客的幫助下，異人成功地逃出了趙國。而邯鄲姬和幼小的兒子卻留在邯鄲，在豪門勢力的保護下，才倖免於難，沒被趙王捉住。

三、相國擅權

西元前二五一年，長壽的秦昭王去世，苦等王位的安國君繼位成了孝文王。昭王去世，呂不韋極為高興，因為他所追求的目標又往前邁進了一步。另一個歡欣鼓舞的人是異人，他因父親孝文王繼位而成為太子，距離登上王位只有一步之遙。

可惜這位待位多年的王儲，

金器　戰國

現藏於湖北省博物館。戰國時代，隨著鐵製工具的應用和普及，金銀器的製作工藝大幅提高。當時金銀器的製作工藝有鎏金、錯金銀、鎏花、招絲、鑲嵌、炸珠等。由於當時的黃金極為稀少，所以只有上層社會才有條件使用。

在宮中長期沈醉於聲色，身體虛空，無力應付繁雜的政務。坐上王位三天便猝然死去，成為中國歷史上執政時間最短的君主之一。

隨後異人繼位，是為莊襄王，呂不韋隨即進入秦國的政治舞台，開始展示他的個人才華。

莊襄王即位後的第一道命令就是為呂不韋而發：「以呂不韋為丞相，封為文信侯，以蘭田十二個縣為食邑。」

詔令一出，滿朝文武驚呆了，因為當朝百官無一人能如此集官、爵、食邑最高等級於一身。呂不韋本人心裡十分清楚，

這不過是十幾年前在邯鄲投資所收回的利益而已。秦國大政實際上是完全控制在丞相文信侯呂不韋手上，國王只是丞相意志的傳聲筒。秦國由此開始了呂不韋擅權的時代。

呂不韋當政後的第一件事，就是大赦罪人，獎賞先王功臣以及對百姓施行一些小恩小惠。這使得呂不韋在秦國臣民中影響深遠。他收買人心，澤及「罪人」、「功臣」和「民」。

就在此時，又傳來了一個喜訊，與莊襄王分別六年、留居邯鄲的嬌姬和稚子從趙國回到了咸陽。這無疑也是呂不韋安排的結果。

回到秦國的邯鄲姬仍美豔、妖冶，淫蕩不減當年。莊襄王見美姬回到身邊，自然是憐愛有加，從此沈溺於錦被繡帳之中，

錯金銀鳩杖首　秦

杖首在古代是權力的象徵。鳩鳥靜立回首，巨目勾尖喙，大耳豎立，腹下部為圓形筒，中空，兩旁有孔，為裝柄固定用。通體錯金銀，背為菱形幾何紋，羽翅及尾部為曲羽毛狀紋。在頭頸與尾三處各錯四片金飾，非常華麗。

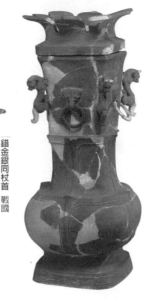

陶珠彩方壺　戰國
戰國時期陶器的品質有所提高，數量明顯增加，已被廣
泛用於飲食、建築等領域。

錯金銀同杖首　戰國
杖首上部是獸行抓手，下部是圓筒形鑾，
內安木柄。器形構思奇特，通體錯金銀飾
片，金光燦爛。

士的崛起
戰國時期，養士之風盛行，著名的「戰國四公子」
都有養士千人。養士與主人之間建立起一種新型
的隸屬關係，這是後世君臣關係的先河。

無心過問政事。呂不韋獨斷秦國朝政更是暢行無阻。工於算計的商賈從政，處處都顯露出他善於把握時機、取得最大效益的才能。消滅東周就是他執政後立起的第一塊豐碑。

西元前二四九年，苟延殘喘的東周竟在鞏地聯合各諸侯國圖謀進攻秦國。本來消滅「周天子」在道義上會受到譴責，但此時恰好時機到來，東周君竟圖謀攻秦，正好給了呂不韋一個建立功業的機會。呂不韋輕而易舉地就征服了東周，將其領土併入秦的

版圖，徹底消滅了統一中國過程中最後的障礙。而呂不韋滅東周，卻遷東周君往陽人聚，不絕其祀，又爲自己樹起了崇奉禮義、施行「興滅」、「繼絕」—新的王朝保證先朝聖王永不絕祀的措施——的善舉，從而贏得士人的好感，也減少了一些姜、姬姓諸侯國的仇恨和反對情緒，爲大批士人投奔秦國和順利完成統一創造了條件。

呂不韋掌權的頭一年，秦國在軍事和政治上都顯得生氣勃勃，秦國的國界已逼近魏國的國都大梁，魏國陷於一片混亂之中。後魏國請回自「竊符救趙」後留居趙國的信陵君，信陵君憑

鎏金青銅獸面紋銜玉環鋪首 秦 這是鑲嵌在雍城宮殿大門上的鋪首，富麗堂皇、氣勢非凡。

著自己的聲望，組成五國聯合軍事行動，五國聯軍抗秦，把秦軍打得大敗，給了春風得意的呂不韋當頭一棒。這是呂不韋當政後軍事上的第一次也是惟一的一次失敗，從此他用兵更加謹慎。從失敗中，呂不韋知道，不除掉信陵君，秦國的軍事征服就會遇到更多的困難。呂不韋經過多日謀劃，精心安排，到處散佈謠言，利用挑撥離間計使魏安王解除信陵君的軍權，致使信陵君含冤四年後身亡。

四、輔佐新君

西元前二四七年五月，正當杏褪殘花、園荷點翠之時，秦宮中傳出驚人消息：莊襄王去世。

被呂不韋視為「奇貨」的莊襄王，為了爬上國王寶座，不惜賣身投靠呂不韋，把自己當作商品交給他去投機，甚至不惜棄生母夏太后於冷宮不顧，轉而去取悅華陽夫人。雖然花了這麼大的代價，可是莊襄王才剛坐上秦王寶座三年就命歸黃泉，死時才三十五歲。

對於莊襄王的死，眾議紛紛，有人說得病，有人說是爲呂不韋所害。無論死因如何，事實上他一死，呂不韋在秦國的地位就又發生了變化。

西元前二四七年農曆五月的一天，秦國首都一片肅穆氣氛，渭水南的章台宮，悲涼清音陣陣傳來，而後宮中則是九重笙管之樂與之相呼應，這裡在舉行緊接葬禮後的秦王政的登基典禮。

秦王政登基時才十三歲，是個尚未成年的孩子。在威嚴的典禮過程中，丞相呂不韋始終伴其左右指示他該如何動作。嬴政繼位後，呂不韋除了丞相、文信侯外，又加封了一個特殊封號——「仲父」。十三歲的孩子當然想不

出如此封號，這完全是呂不韋自己出的主意。從此，呂不韋就坐到章台宮大殿秦王御座的右側，開始處理朝政了。從秦王政即位的西元前二四六年，到西元前二三七年，都是呂不韋在秦國直接掌權的時代。

秦王政即位之初，當務之急仍然是取得對東方各國的勝利。兼併戰爭的主要對象仍是韓、魏

等國，而與楚國一直沒有發生過大的戰爭。

西元前二四一年，楚、趙、魏、燕、韓五國再次聯合，推楚王為縱長，聯合攻秦，可這一次遭到秦軍反擊，而且呂不韋對各諸侯國採用打擊和分化兩手策略，使五國聯軍立即崩潰。同時也勾起了楚對秦的仇恨，楚考烈王不免將一腔怨恨轉到春申君黃歇身上。

春申君為了討好楚王，就多方搜求美人供楚王淫樂。可是楚王妃嬪眾多，卻多年無子，春申君送入宮中無數美女，就是沒有後宮產子的喜訊傳出，急得春申君一籌莫展。

可是有一天，賓客李園求見，事後又將妹妹獻給春申君，不久李園妹懷有身孕，一天趁興向春申君提出「保證能長久寵於國君」的計謀，要春申君將懷孕的自己送給楚王。一年後，李園妹果然為楚王生下一男，突然得子的楚王立即封她為后，立了太子。從此李園在楚王面前的寵倖立刻超過了春申君。

李園利用春申君而在楚國得勢，惟一的心病就是知其底細的春申君，所以他時刻準備暗殺春申君以滅口。楚考烈王死後，李園成功地除掉了春申君，直接控制了楚國政權。李園的陰謀與呂不韋的投機不謀而合，而李園本來就是來自呂不韋投機成功的趙國邯鄲，至於李園是否為呂不韋有意派到楚國的奸細，也成為呂不韋一生中的難解之謎。

呂不韋當政時，秦國經濟、文化的長足進步，為其施展政治

才能提供了客觀條件。然而在國內取得穩定發展，在國外奪得不斷的勝利，另外一個主要原因是呂不韋重視人才。

呂不韋登上秦國丞相之位雖晚，但絕無一般暴發之政客嫉賢妒能的通病，他對元老重臣甚為器重。老將中突出的是蒙驁，這位老將在呂不韋執政十餘年中，不居功、不傲上，繼續帶兵為秦國爭城奪地，雖已年邁但威風不減當年。對舊臣不存戒心，對元老毫無成見，是呂不韋取得成功的原因之一。

呂不韋用人不拘一格，最有名的是小甘羅，他十二歲就能負擔出使之重任。小甘羅首先幫助呂不韋勸服張唐接受出使燕國的命令，後又單獨出使趙國，讓趙國心甘情願割五城給秦國。

呂不韋在入秦之前，各國諸侯都大力招攬人才，供養「食客」，其中最著名的要數「四公子」，即齊國的孟嘗君、趙國的平原君、魏國的信陵君、楚國的春申君。而呂不韋是秦國歷史上第一個認識到「士」的重要作用，從而大規模招攬賓客，打開國門大批養「士」的政治家。

呂不韋任相國之初，就在相府內建造了數以千計的高堂廣舍，聘有眾多名廚，在首都和城

牆上掛起告示，歡迎各方士人來相府做客。因為呂不韋本人並非秦人，卻官至秦相，對希求功名的人士極具誘惑力。其次，呂不韋權勢大，養士之舉不會遭人反對和嫉恨。另外，秦國在軍事上節節勝利，統一六國是早晚的事情。因此呂不韋告示一發出，有識之士紛紛奔向丞相府裡來，很快地，呂不韋門下的「食客」就達三千人。其中有著名的司馬空和李斯。

《呂氏春秋》書影

起，成為一部完整的作品，這的確是個難題，但經過一番研究，終於得到圓滿解決。這部書形式上統一，內容則多樣，真如「雜樹生花，群鶯亂飛」，開創了雜家體例。

為了提高作品品質，防止抄襲現成之作，呂不韋又想出一招。西元前二三九年的一天清早，咸陽城較往日熱鬧得多，人們紛紛趕往市區，並且七嘴八舌議論起來。原來咸陽市門上掛著《呂氏春秋》的書稿，旁邊有一大堆錢，告示宣佈：如有人能對《呂氏春秋》改動一字者，可將「千金」拿走。可是隨著時間一天天過去，好奇的觀眾越來越少，站在市門前閱讀《呂氏春秋》的人也逐漸散去，終無一人將「千金」取走。其實，並非書中不可改動一字，而是人們不敢改動，害怕招來殺身之禍，告示只不過是呂不韋吹噓的手段罷了。

西元前二三九年，秦王政二十一歲，他已經成年了，只要舉行過加冠禮，他就可以親政了。

而在親政之前，朝廷的一切大權都掌握在呂不韋手中，嬴政只是一個傀儡君主。每逢上朝處理政事，只能聽從丞相的安排。

大凡當王的人，大多有兩個想法：或長命百歲、永遠做王；或留名青史，讓後世人永遠記住他。而呂不韋是無冕之王，只好退而求其次，他很快的就找到了留名的好方法。他門下有三千賓客，不產生實際效益的投入是商人絕對不願做的事。於是他把門客召集在一起，讓他們編著一本《呂氏春秋》，為他留芳百世樹「碑」。書既要保持各派學者的觀點和風格，又要編在一

在秦王政年幼時，呂不韋每逢處理完朝政，就會去後宮與太后廝守。太后原本是邯鄲姬，是呂不韋的老情人，她風流成性，恣意淫樂，肆無忌憚。可是作為丞相的呂不韋為了避嫌，而且因為一心應付政務，因而開始冷淡太后。為了擺脫淫婦的糾纏，呂不韋只得為太后物色一名叫嫪毐的壯漢來頂替自己，把嫪毐以假「宦官」的身分安排在甘泉宮，日夜陪太后縱情歡樂。

不久，得了長信侯封號的嫪毐，爵位、食邑的待遇及地位完全可以與呂不韋相抗衡了。陪伴在太后身邊，嫪毐的勢力一天天膨脹，在秦國大有超過呂不韋之勢。出身於市井無賴的嫪毐，雖不乏政治上的野心，但除了取悅太后的房中之術外，並無任何才能。他靠太后庇護暴發，建立私黨，但其劣根性是無法改掉的。與太后縱慾之後，就在宮外為非作歹，惹得滿朝上下憤懣不堪。隨著羽翼豐滿，他也想謀權奪位，加上與太后生有一個兒子，密養在深宮中。但他預感到自身的危機，一方面與呂氏集團對立

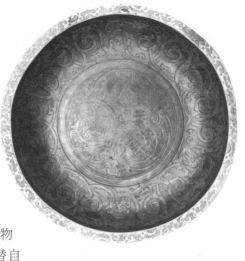

咸陽宮銀盤　秦
其口沿刻有「卅三年」等秦豪銘文。漢王劉邦入咸陽後，此盤歸西漢宮廷，後又賞賜分封在臨淄的齊王。

物車馬漆盒　戰國

錯金雲紋鼎 秦
此器為戰國時期秦國的代表器，出土於陝西省咸陽市。器身通體用金銀片錯成幾何形的雲紋，蓋頂上飾有蓮瓣紋，四周環繞有雲紋，下腹部飾三角紋。既華麗高貴又穩重大方，是秦地風格和六國工藝的高度結合。

嫪毐、太后、呂不韋、秦王政此刻都在緊張地籌劃個人的事，顧不得前線的勝負，一場生死存亡、你死我活的鬥爭即將公開進行。

西元前二三八年，當秦王政在雍城舉行加冕典禮時，嫪毐知道自己與太后的穢行及叛亂的圖謀已被發現，於是趁咸陽空虛之際發動叛亂，利用太后的玉璽調兵。可是秦王政早有準備，嫪毐的叛軍還沒出咸陽，就遇到由雍城開來的秦軍。一群烏合之眾很快就被打得落花流水。嫪毐被車裂於東門之

已趨於白熱化，更重要的是，秦王政已二十一歲，可以親政了。若不能在秦王親政前控制局勢，不僅要敗在呂不韋手下，而且有被秦王剷除的危險。

彩繪銅車 秦
此車為秦代的安車，前駕四馬，單輿雙輪，頂上有橢圓形車蓋。秦始皇出遊時乘坐的即是此種車。

外，並被滅了九族。太后則被減了俸祿，收回璽印，軟禁在最遠的雍宮棫陽宮中。

西元前二三七年，當叛亂勢力被鎮壓下去，呂不韋集團的勢力尚未被觸動之際，秦國又發現了奸細。

秦國一直未察覺韓國派來的水工鄭國原是來執行「疲秦」計劃的。鄭國入秦修水渠，乃是韓國藉修渠，企圖在經濟上拖垮秦國的陰謀。於是秦王發出「逐客令」，下令限期將秦國內所有外來賓客驅逐出境。當時李斯力阻秦王逐客，上奏了一篇〈諫逐客書〉，指出逐客的危險結果，後被秦王政接受而撤銷「逐客令」。

西元前二三七年農曆十月，秦王嬴政下令：「免去呂不韋相國之職。」後來，齊人茅焦勸說秦王到雍宮將太后迎接回咸陽，並將呂不韋遣發到河南的封地去。

呂不韋在河南封地時，並未韜光養晦，而是廣交賓客，各國諸侯使者絡繹不絕地，前往拜訪他。秦王政害怕呂不韋叛亂，便把他發配到蜀地，並寫信斥責他。受到威脅的呂不韋害怕被殺害，於是飲鴆自殺了。

張良

張良，字子秀，潁川鈇父人，本姓姬，出身韓國貴族。祖父張開地，歷任韓昭侯、宣惠王、襄哀王三朝的相國。張良的父親張平是釐王、桓惠王兩朝的相國。秦統一六國之後，張良輔佐劉邦亡秦、建漢、克楚，功不可沒，被封為萬戶侯。

張良雖為文弱書生，也從未獨自統兵打仗，但卻熱讀兵法，又擅長謀略，在中國歷史上具有重要地位。

一、立誓滅秦

西元前二三〇年，秦國滅掉韓國。張良的祖父、父親都曾做過韓國宰相，張良因而與秦國結下深仇，發誓要殺掉秦始皇、消滅秦國。他曾顧不得厚葬弟弟，而用全部家財求人刺殺嬴政，因此，歷史上才上演過一場博浪沙襲擊秦始皇的事件。

西元前二一八年的一天，一隊秦軍護衛著秦始皇的車輦，戒備森嚴地行進在陽武博浪沙的官道上。突然，從道旁閃出兩個刺客，其中一人手持一百二十斤巨錘用力向一輛車輦砸去，隨後逃得不見蹤影。鐵錘誤中副車，秦始皇大驚失色，立即下令捉拿刺客。接著又在全國搜捕十天，但毫無結果。事後，張良逃到下邳。

一天，張良在下邳的一座橋上

張良逢太公圖 瓷板畫

從容地散步，遇見一位褐服老者，他在張良面前把自己的鞋子扔到橋下，然後對張良說：「小子，去幫我撿回來。」張良先是一驚，感到很憤怒，但念及老者年紀大了，便忍氣吞聲地下去將鞋子拾回來，並屈膝為他穿上。老者伸著腳穿上了鞋子大笑而去。張良感到更是驚奇。老者沒走多遠，又回來對張良說：「你真是一個可教之材，五天後天亮之時你在這兒等我。」張良認定老者必有些來歷，便恭恭敬敬地答應了。

五天後，天剛亮，張良就趕到橋上。老者卻已經在等他了，老者生氣地讓他五天後再來。又過了五天，雞剛剛打鳴，張良就趕到橋頭，可老者又先到了。老者十分氣憤地說：「你又遲到了，五天後再來。」五天後，張良在半夜時分就到了那裡。過了一會兒，老者也來了。他見張良先到了，很是高興，說：「年輕人就該這樣。」並以《太公兵法》相贈。這就是張良巧遇黃石公的傳說。

鎏金幾何紋雙耳壺 西漢

彩漆雲龍紋奩　秦
秦朝以龍為自己的象徵，皇帝墓
葬中也少不了飾以龍紋的器具。

張良得此書後，悉心研讀，為日後的偉績打下了知識基礎。

二、盡顯英才

西元前二○九年，陳勝、吳廣起兵反秦，各地豪傑紛紛回應。這時劉邦率軍攻下下邳以西的地方。張良便去投靠劉邦，並以《太公兵法》為指南，為劉邦謀劃，深得劉邦信任，屢立奇功。

西元前二○七年，劉邦進軍至南陽郡，劉邦求勝心切，恐怕宛城久攻不下，延宕時日，便想從宛城西邊繞行進攻關中。張良分析形勢，及時勸阻劉邦：若不攻下宛城而孤軍深入，就會陷入後有宛城、前有強敵，腹背受敵的危險局面。劉邦依言先取下了宛城，使起義軍士氣大振，秦軍則鬥志大減。劉邦接著西進，一路上攻城掠地，八月便攻入武關。

嶢關在武關以西，是河南南陽一帶通往關中的必經要道，也是守衛咸陽的最後一道關隘，戰略地位極為重要。劉邦計劃用兵兩萬強攻嶢關。張良認為，面對強敵，應當智取。於是他建議劉邦，一方面派出部分先行部隊，並準備充足的乾糧，讓他們在附近各山頭上張掛旗幟，作為疑兵之計，麻痹敵人；另一方面，利用秦將多為屠戶子弟，見利忘義這一弱點，派人前去重金收買，他們內貪重賄，外懼強兵，必會投降。劉邦依計而行。果然，秦將紛紛向劉邦求和。張良建議劉邦趁秦軍鬆懈，發動突襲。劉邦又按張良計策，親自帶兵繞過嶢關，急行軍數十里，跨過蕢山，在藍田以南大敗秦軍，一舉攻佔藍田。

劉備在藍田以北經過激烈交戰，於西元前二○六年，農曆十月到達壩上。剛剛做了四十六天皇帝的秦王子嬰手捧玉璽投降，秦朝滅亡。

張　良
中國名人探秘
40
棧道遺址

泗水亭
此亭在今江蘇省沛縣，據《沛縣誌》記載，漢高祖劉邦曾做過泗水亭長。

劉邦早年在咸陽服徭役時，見過秦始皇的儀仗隊，被秦始皇的威儀所震懾，曾感歎說：「大丈夫應當如此！」佔領咸陽以後，劉邦見秦朝宮室陳設華美，美女如雲，奇珍異寶，數不勝數，便打算留在宮中享樂。賣肉出身的樊噲勸劉邦放棄這些奢麗的東西，回壩上，圖謀大計。劉邦不聽。張良得知後，勸劉邦說：「正因為秦朝荒淫無道，群雄才會揭竿而起，您才有今日的天下。您該力求儉樸，切忌重蹈覆轍。您剛入關中，就要自滿享樂，這與助紂為虐毫無差異。況且，忠言逆耳，樊噲說的話是對的……」

劉邦一向倚重張良，聽了這番話幡然悔悟。當即回軍壩上，並申明軍紀，與關中百姓約法三章：殺人者死，傷人及盜抵罪，廢除秦朝的嚴刑酷法。從而得到了關中百姓的民心，為日後的勝利打下了群眾基礎。

項羽平定了黃河以北的廣大地區以後，準備揮師進駐關中。當項羽來到關中時，見劉邦早已進駐關中，一怒之下於西元前二〇六年農曆十二月

張良像

到達戲西。這時，劉邦手下有個叫曹無傷的將領，為了討好項羽，便暗中告密，說劉邦想做關中之王，把天下珍寶據為己有。

項羽更加惱怒，犒賞三軍，準備消滅劉邦。

當時形勢對劉邦非常不利。項羽軍隊四十萬，號稱百萬；劉邦軍隊十萬，號稱二十萬。

項羽劍拔弩張要消滅劉邦的事，驚動了項羽的叔父項伯。項伯為報張良當年的救命之恩，秘密找到張良，勸他離開。

張良頭腦冷靜、足智多謀。他平靜地對項伯說：「我奉韓王之命，送沛公（劉邦）入關，現在沛公危急，我怎能偷偷溜走？」於是張良把項伯的話如實告訴劉邦，劉邦聽了大吃一驚。

金鑲嵌鐵質短劍 西漢

出土於河北省滿城縣陵山中山靖王劉勝墓，現藏於河北省博物館。

劉邦自認自己的兵力不能與項羽的軍隊抗衡，於是請來項伯，厚禮相待，並結為姻親。他對項伯說：「我入關以後，清查人口，封鎖庫存，只等項將軍的到來，我之所以派兵守關，是怕盜賊出入，以防非常事件發生。我日夜盼望項將軍到來，哪能謀反呢？還請將這些情況如實稟告。」項伯回去將這些話告之項羽，項羽也相信了。

這樣，張良一邊使項伯穩住項羽，一邊策劃劉邦與項羽相見。

這天，劉邦率張良、樊噲與項羽會於鴻門。席間，謀士范增多次示意項羽殺死劉邦，項羽卻不予理會。無奈之下，范增才導演了「項莊舞劍，意在沛公」之計。范增讓項莊藉舞劍助興為由，打算乘機殺掉劉邦。項伯看穿了這個用意，也拔劍起舞，時時用身體擋住項莊的劍。

張良見形勢危急，急忙去找樊噲。樊噲在席上狂吃豪飲，攪亂宴席。項羽驚詫於樊噲的雄壯。劉邦藉機逃脫，張良則拿著精美的玉器禮物，留下應付項羽。

鴻門一宴，既顯示了張良的足智多謀，又表現了他的忠心耿耿，敢於為知己者死的封建士卿精神。

西元前二○六年，項羽自立為西楚霸王，定都彭城，並分封諸侯，以霸主自居。

劉邦被封為漢王，統領遙遠的巴、蜀地區。劉邦拿出一百斤黃金、兩斗珍珠來賞賜張良，這些東西被張良全部送給了項伯。劉邦又準備了一份厚禮，叫張良轉送項伯，求項伯替他向項羽提出封地的要求，即將漢中之地封給漢王，這一請求得到了項羽的

允許。漢王要回封地，張良為他送行。漢王讓張良回到韓王身邊聽差，張良勸劉邦燒毀棧道，以示自己絕不東還，讓項羽的鬥志懈怠。

當張良回到韓國時，得知項羽因忌恨自己，早將韓成王害死。此時，各地諸侯因分封不公紛紛起兵反對項羽。張良擔心項羽會攻打劉邦，寫信一面盡數劉邦的不足，表明劉邦對項羽的忠心，一面將項羽的矛頭引向起義的田榮、陳餘。他在信中說：「漢王把應得到的封職失去了，卻想獲得關中這個地方，把以前

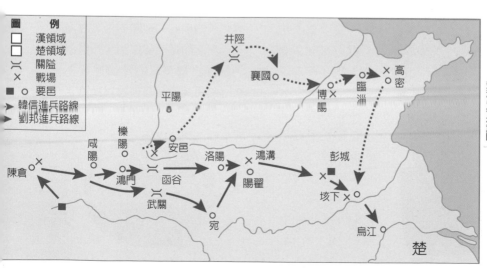

圖　例
□ 漢領域
□ 楚領域
⊃⊂ 關隘
× 戰場
○ 要邑
➤ 韓信進兵路線
➤ 劉邦進兵路線

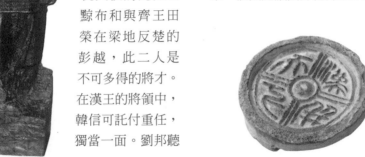

韓信銅像

的約定付諸實踐就已經心滿意足了，絕對不敢有任何東進的想法……齊國計劃聯合趙國滅楚……」張良的信說服了項羽，項羽因而北上攻打齊國。

西元前二〇五年，農曆十月，張良回到漢中，被劉邦封為成信侯。西元前二〇四年農曆四月，劉邦率軍五十六萬直取彭城，但因孤軍深入，遭到楚軍重創，大敗而歸，逃到下邑。

劉邦苦於無人可以委以重任，帶兵伐楚。張良推舉與項羽有深仇大恨的九江王黥布和與齊王田榮在梁地反楚的彭越，此二人是不可多得的將才。在漢王的將領中，韓信可託付重任，獨當一面。劉邦聽從這個建議，重用韓信，拉攏黥、彭二人。到魏王豹反叛漢的時候，韓信一人率軍北伐，勢如破竹地佔領了燕、代、齊、趙諸國，可以說，這三人在滅楚的整個過程中，發揮了不可替代的作用。

西元前二〇四年（漢三年），劉邦在沒有任何準備的情況下被項羽圍困在滎陽，無計可施。酈食其勸劉邦效仿商湯伐桀、武王伐紂，把土地封給六國的後代，以削弱楚國的勢力。張良及時趕到，申明大義，引經據典駁斥酈食其不切實際的論斷。

後來，韓信攻佔齊國，計劃自稱為王。劉邦大怒，張良勸說劉邦，劉邦命他帶上印信去封韓信為齊王，這才使韓信情願為劉邦對付項羽。

西元前二〇二年（漢六年）冬天，漢軍接連取勝，追擊到陽夏以南的地區，但戰勢仍然對漢王不利，於是漢堅守固陵，但事先約好合擊楚軍的諸侯遲遲不來。張良建議劉邦把陳以東直至

東海封給韓信；把睢陽以北至谷城封給彭越，劉邦接受了這一建議，韓信、彭越果然很快趕來會師。這一點，《高帝紀》中有記載。

三、功成身退

西元前二〇一年（漢六年），劉邦大封群臣。張良沒有領兵四處作戰的功績，但劉邦說：「運籌於帷幄之中，決勝於千里之外，這是子房的功勞。齊國的三萬戶食邑，任你選擇。」張良說：「我能夠追隨您，是上天的旨意；我的意見能被您採納，更是您的恩德，能得到我與您相見的留地，已經心滿意足，萬戶食邑臣實不敢接受。」於是張良被封為留侯。

二十多位大功臣都被封賞了，其餘功臣的封賞還在爭論中。皇帝劉邦住在洛陽南宮，各位將領被他從閣樓上一覽無餘，

他們經常幾個人聚在一起竊竊私語，皇帝大惑不解，問張良：「他們在說什麼？」張良說：「他們在謀反。」劉邦大驚。天下剛剛安定，新皇帝劉邦想不出他們有什麼理由要謀反。張良解釋說：「陛下不過是普通百姓出身，這些人跟隨陛下奪取天下，也就是為了榮華富貴。如今陛下貴為天子，被封賞的人都是您的舊友，被問罪的人都是您的仇敵。他們既擔心得不到封賞，又害怕因得罪了陛下而被殺掉，所以才聚在一起謀反。」當下，劉邦依張良計，重賞曾經背叛過自己的雍齒，郡臣見

銅鐏　西漢
由於冶鐵業的迅速發展，西漢武帝時，鐵矛逐漸取代了青銅矛在戰爭中的地位，鐏依然用銅鑄，用錯金勾勒，這件銅鐏細部表現了當時高超的工藝製作水平。

樂人俑　西漢
出土於湖南省長沙市馬王堆一號漢墓。用木雕製，粉面珠唇，眉目清晰，形象逼真，兩千年前的樂聲至今如在耳邊。

雍齒被封為侯，就全部安定下來。張良這樣做，使劉邦避免了「阿私之失」，使群臣消除了「猜懼之謀」，使得「國家無虞，利及後世。若良者可謂善諫矣」。

定都關中是劉敬給漢帝劉邦的進諫之策，劉邦對此猶豫不決。身邊的大臣多是山東六國的人，他們都主張建都洛陽，理由是：洛陽東有成皋，西有崤山、繩池，背靠黃河，面向洛水，周圍山河環繞，地勢險要。張

良堅決支援建都關中，他說：「關中沃野千里，南有巴蜀之饒，北有胡苑之利，阻三面而守，獨以一面東制諸侯。諸侯安定，河渭漕挽天下，西給京師，諸侯有變，順流而下，足以委輸。此可謂全城千里，天府之國也。」張良的話使劉邦不再猶豫，遂定都關中。

西元前一九七年，皇室內部發生了戚夫人爭寵奪嫡的事件。劉邦本來立了呂后的兒子劉盈為太子。以後呂后常留守長安，而戚夫人則與劉邦形影不離，深受寵愛。一方面戚夫人經常在劉邦面前哭鬧著希望可以改趙王如意為太子，另一方面太子劉盈又不討劉邦喜歡，於是劉邦就想廢掉劉盈，改立如意為太子。當時許多大臣竭力勸阻，但劉邦始終不肯改變主意。

呂后於無奈之下，求助張良。張良建議呂后請劉邦相當

敬重的四位老人——東園公、甪里先生、綺里季和夏黃公做太子劉盈的門客。劉盈的太子之位遂得以保住。

西元前一九五年（漢十二年），劉邦帶病平定黥布叛亂，身體每況愈下，危在旦夕，卻仍堅持另立太子。

張良又力諫劉邦，但劉邦一意孤行。張良感歎說：「當年皇上在危難之中，對我的計策言出必從；如今天下太平，皇上因為喜愛戚夫人才另立太子，事關骨肉之間的家事，縱使我等一百多人也無濟於事。」從此張良以患病為由，不再理事，但張良獻計請出的四位老人卻鞏固了劉盈的太子地位。

在一次宴會上，太子劉盈在旁侍奉。太子身後跟著四位老人，他們都鬚眉皓白，衣冠博帶，年齡已八十有餘。劉邦不解，問他們是什麼人，四位老人一一作答　劉邦大驚，問道：「你們過去無視於我的召見，為何現在又與太子在一起呢？」

四老人回答：「皇上一向看不起儒生，我們才躲起來，如今太子寬厚仁慈、孝順而有禮，禮賢下士，人人敬而從之，我們才甘心為太子效勞，死不足惜。」劉邦見太子羽翼已成，即使立趙王如意為太子，恐怕也不是劉盈的對手，於是打消了廢嫡立庶的主張。

這場統治階級內部的政治鬥爭，儘管反覆數次，轟動朝野，但由於張良的運籌帷幄，終於使呂后和太子劉盈轉危為安，獲得勝利，從而避免了一場可能發生的政治動亂，鞏固了漢朝的統治，在客觀上也穩定了時局。

張良天生體弱多病，晚年在家修身養性，常常閉門不出。西元前一八九年（漢惠帝六年），張良去世，諡文成侯，埋葬於谷城山下的黃石崗。

回雲亭

在陝西省留壩縣廟台子鎮西，始建於漢，相傳為張良晚年隱居的地方。

诸葛亮

諸葛亮是三國時期著名的政治家、軍事家，年輕時隱居隆中以待時機；經劉備三顧茅廬才出山，輔佐劉備聯吳抗曹，建立蜀國；後又繼續輔佐劉禪治蜀，南征北伐，七擒孟獲，五出祁山，最終病死五丈原。諸葛亮一生鞠躬盡瘁，死而後已，堪為後世楷模。

一、隱居隆中

諸葛亮（西元一八一～二三四年），字孔明，琅郡陽都縣。諸葛亮的遠祖諸葛豐曾在西漢元帝時做過侍御史、司隸校尉、光祿大夫等官。諸葛亮的父親諸葛珪曾任泰山郡丞。諸葛亮排行第二，上有哥哥諸葛瑾，下有弟弟諸葛均，另外還有兩個姐姐。諸葛亮八歲時，其父諸葛珪去世。因此，兄弟姐妹五人就由叔父諸葛玄收養，他們在故鄉陽都過著比較艱苦的生活，直到諸葛亮年滿十四歲。

東漢末年，軍閥混戰，諸葛亮的故鄉琅琊陽都也遭受戰火影響，一家人無法維持生活。此時，諸葛亮叔父諸葛玄恰好出任豫章太守，於是，諸葛亮的哥哥

諸葛瑾隻身逃往江東避亂謀生，諸葛亮姐弟四人則隨叔父諸葛玄到豫章避難。不到一年，諸葛玄被軍閥趕出南昌，諸葛玄只好帶領他們投奔好友荊州牧劉表。但是沒多久，諸葛玄便也去世了。此時，諸葛亮的兩個姐姐都已嫁人，諸葛亮只好與弟弟一起來到荊州南陽郡鄧縣的隆中，在此蓋了幾間草屋，種了幾畝土地，過著隱居的生活，此時諸葛亮年僅十七歲。

諸葛亮自幼聰慧，並且好學。隱居隆中後，雖然生活清貧，但是他邊耕種、邊求學。在隆中，諸葛亮用大量時間博覽群書，刻苦攻讀諸子百家，即使是逸聞野史，他都不放過。諸葛亮讀書與別人不一樣，他不拘泥於一章

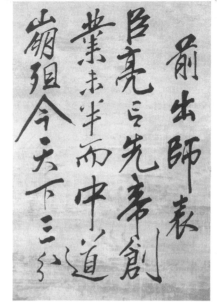

一句，而是觀其大略。經過多年的潛心鑽研，諸葛亮不但上知天文下知地理，而且通曉兵法戰術。雖然是隱居，但他十分關注天下大事，以此為己任，常自比春秋時期的齊國名相管仲和戰國時期的燕國名將樂毅。

諸葛亮在隆中隱居時，結識了一批飽學有志的青年人物，如博陵崔州平，潁川徐庶、石韜，汝南孟建，襄陽龐統等。他們經常聚會，縱論天下大事，暢談個人抱負。有一次，諸葛亮對石韜、徐庶、孟建三人說：「你們三人去做官，將來可至刺史、太守。」三個人問諸葛亮本人會怎樣，諸葛亮則笑而不答，可見他的雄心壯志更在三位朋友之上。另外，諸葛亮還結交了兩

鎏金銅麒麟 東漢

位長者，即襄陽龐德公和穎川司馬徽，此二人對諸葛亮的才華十分瞭解。有一次龐德公對司馬徽說：「諸葛亮爲臥龍，龐統爲鳳雛。」司馬徽對此比喻深表贊同。由此亦可見諸葛亮的聲名之一斑。

諸葛亮在隆中隱居了十年，直到二十七歲時，他終於遇到了合意的、可輔佐的明君，也就是劉備。

二、三顧茅廬

西元二〇一年，在曹操逼迫下，劉備逃往荊州投靠劉表。劉備自鎮壓黃巾起義以來，曾先後依附多人，深感自己力量單薄，迫切需要人才。在西元二〇七年，劉備加快了尋訪人才的步伐。

他拜訪了當時名氣很大的穎川司馬徽，請求司馬徽推薦人才，於是司馬徽就向劉備推薦說：「我們這裡的俊傑就是臥龍鳳雛。」劉備又問何爲臥龍鳳雛，司馬徽就告訴劉備即諸葛亮和龐統也。沒多久，名士徐庶到新野幫助劉備策劃軍事，也向劉備推薦諸葛亮，他說：「我朋友諸葛亮，人稱臥龍，是罕見的人才，將軍不想見他嗎？」於是劉備表示希望見見諸葛亮，並希望徐庶帶諸葛亮來。徐庶則說：「像諸葛亮這樣的人才，只能您去見他，不能隨便召他來見您！」

本來，劉備認爲徐庶已是個難得的人才，想不到徐庶如此推崇諸葛亮，方知諸葛亮更是人才。於是在西元二〇七年冬天，劉備冒著嚴寒，三次從新野到隆中拜訪諸葛亮，前兩次都沒有見

到，直到第三次，才終於會見了諸葛亮。這就是歷史上著名的「三顧茅廬」的故事。

初次相見，劉備誠懇地向諸葛亮求教安定天下的大計，諸葛亮便答以著名的〈隆中對〉。

在〈隆中對〉中，諸葛亮首先明確了天下的五大勢力集團，即曹操、孫權、劉表、劉璋、張魯五個力量集團。然後又對五支

力量進行了具體分析，認為：目前曹操不僅兵力逾百萬，而且挾天子以令諸侯，是最大的軍閥，不能與曹操爭鋒；孫權佔有江東，已經歷經三代，而且江東地勢險要，可以聯合孫權作為外援；雖然劉表佔據荊州，但他懦弱無能，是奪取荊州的良機；益州地勢險要、土地肥沃，但是其統治者劉璋昏庸。因此，諸葛亮建議劉備奪取荊州後即取益州，然後與西南少數民族修好，再和孫權結成聯盟，內修明政，等待時機北伐，興復漢室。

劉備聽了諸葛亮透徹的分析後，極為敬佩，於是極力懇請諸葛亮出山，幫助他完成大業。諸葛亮見劉備禮賢下士，心胸開闊，抱負遠大，正是自己想要輔佐的人，於是就答應劉備的請求。從此以後，諸葛亮成了劉備最得力的助手。

三顧茅廬圖 明 戴進

孔明出山圖 明 佚名

三、赤壁之戰

曹操統一北方後，雄心勃勃，企圖一舉南下，統一全國。於是在西元二〇八年七月，統率十萬大軍南征劉表。八月，劉表病死，次子劉琮率眾向曹操投降。如此一來，劉備在襄陽一帶無法立足，只好奔向江陵。

江陵地處要衝，而且劉表

在江陵屯有大量物資，曹操恐怕劉備先佔江陵，於是率精騎五千，晝夜行軍三百餘里，兼程急追。當時，襄樊的百姓害怕被曹軍屠殺，多跟隨劉備。由於百姓和物資很多，所以隊伍行動緩慢。於是劉備只好派關羽先率領水軍一萬人，從水路趕往江陵。劉備等依舊緩慢行進，結果在當陽的長阪被曹操騎兵追上，劉備幾乎全軍覆沒。僅帶領諸葛亮、張飛、趙雲等數十人逃脫，在江津與關羽水軍相遇，渡過漢水，又和劉表長子劉琦的軍隊會合，退至樊口。劉備所部共兩萬多人，實力大為削弱。

曹操佔領江陵後，決定乘勝順江東下，一舉消滅江東。他統率大軍二十萬，號稱八十萬，自江陵沿江東下，向東吳進攻。

曹操像

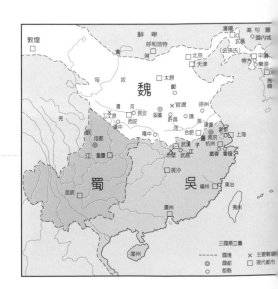

三國鼎立圖

早在曹操南征、劉表病死時，孫權得知此消息深感不妙，於是派魯肅前往荊州以弔唁劉表之機，勸說劉備和諸葛亮向東聯合孫權。此時，諸葛亮見情況緊急，也勸劉備向孫權求救。於是，劉備派諸葛亮出使東吳。

當時孫權擁軍柴桑，但是他在降曹還是抗曹問題上猶豫徘徊。諸葛亮便以激將法勸說孫權，他說：「曹操現在攻破荊州，威震四海，實力強大。將軍如果能夠抵抗曹操，就應當及早與曹操絕交；如果不能抵抗曹操，爲什麼不束手向他投降呢？」孫權聽後大怒說：「我擁有全吳之地，十萬甲兵，豈能受制於人？」於是決定聯劉抗曹。諸葛亮則進一步分析指出：劉備雖兵敗長阪，但是所部仍有兩萬餘眾，而曹操勞師遠征，十分疲憊。況且北方之人，不習慣水戰；而且荊州歸附的部隊並非心服。只要將軍派出幾員猛將，必能破曹，如此，則三足鼎立之勢成矣。聽了諸葛亮的分析，孫權決定派周瑜、程普、魯肅率三萬水軍，會同劉備抗曹。

西元二〇八年，孫劉聯軍與曹軍在赤壁形成對峙局面。時曹

軍士兵水土不服，染上瘟疫。後來聯軍用火攻，曹軍大敗。

於是劉備乘勝追擊曹操，佔有了荊州江南地區，後又徵得孫權的同意佔領荊州江北地區。

西元二一四年，劉備進軍四川，取得益州。西元二一九年，又從曹操手中取得漢中。至此，劉備成了與曹操、孫權鼎足而立的軍事集團之一，東漢末年以來軍閥割據混戰的局面結束，三國鼎立的形勢初步形成。

四、白帝城受命

劉備取得荊州、益州後，勢力有了很大發展，尤其是荊州的地理位置相當重要。

但是，荊州對於孫權來講更為重要，孫權將荊州視為立國之命脈。荊州與孫權所佔領揚州之間，有長江相連，交通便利，朝發夕至。孫權認為，荊州和揚州是不可分割的整體，不控制荊州，他在長江下游便無法立國。但是，劉備又不肯輕易放棄荊州，他派心腹大將關羽鎮守荊州。這樣一來，孫劉關係惡化，以致破裂。

西元二一五年，孫權派兵攻佔了長沙、桂陽、零陵三郡，劉備命關羽出戰，重新奪回此三郡。孫劉之間大戰在即。正在此時，曹操進兵漢中，劉備擔心益州危險，於是與孫權講和，孫劉以湘水為界平分荊州。

儘管雙方平分了荊州，但是孫權無時不在覬覦著荊州的另一部分。西元二一九年，鎮守荊州的關羽北伐，並以大兵圍攻樊

關羽騎馬圖 瓷板畫

劉備像

城，造成荊州兵力空虛，孫權乘機命呂蒙偷襲荊州，呂蒙以伏兵擒獲了關羽及其子關平，並將他們殺死，荊州全部歸屬東吳。

西元二二〇年，曹操病死，其子曹丕廢掉漢獻帝，自稱皇帝。同年，在諸葛亮等人的建議下，劉備於此年四月在成都即帝位，國號為漢，並以諸葛亮為丞相。

劉備稱帝後，決定討伐孫權，為關羽報仇，準備重新奪回荊州。眾臣苦苦勸阻，希望劉備顧全大局，停止伐吳，但劉備始終不聽。西元二二一年農曆七月，劉備統率大軍東進伐吳，結果在猇亭被東吳大將陸遜打敗，其手下大將張南、馮習被殺，胡王沙摩柯、杜路、劉寧則投降陸遜。劉備元氣大傷。

經過關羽被殺、荊州丟失和此次伐吳失敗的打擊，劉備的情緒很壞，再加上征戰勞

孫權像

頓，就在白帝城一病不起。病危之際，他派人到成都把諸葛亮請來，託付後事。

西元二二三年農曆二月，諸葛亮奉詔來到白帝城，劉備對諸葛亮說：「你的才華是曹丕的十倍，一定可以安定國家，成就北伐大業。如果我的兒子劉禪可以輔佐，你就輔佐他；如果他不爭氣，你可以取而代之。」然後，劉備又告誡劉禪說：「你與丞相共事，侍奉丞相應如父親一樣。」諸葛亮見劉備如此信任自己，十分感動，於是流著淚說：「臣將竭盡全力輔佐幼主，貢獻忠貞之節。」不久，劉備於四月二十四日去世，年六十三歲。

同年五月，諸葛亮輔佐劉禪登基，諸葛亮被封為武鄉侯，以丞相身分兼任益州牧，全力輔助

諸葛亮像

弩機　三國　弩是弓箭的發射裝置，其可使箭射程更遠，速度更快，從而加強殺傷力。這件吳國弩機由槐木做成，歷千年而不朽，實在讓人驚奇。

益州古驛道　東漢
驛道是古代傳遞政府文書等的道路，
沿途設有驛站。

七擒孟獲圖
此圖位於雲南省曲靖市境內，傳說這裡曾是
諸葛亮七擒孟獲之處。

劉禪。而劉禪也恪守父訓，視諸葛亮如父，蜀國軍政大小事務，先決於亮。於是諸葛亮「約官職，修法制」，勵精圖治，建設蜀漢，休養民力，以培國本。這樣，諸葛亮的治理才能得以充分施展。

五、治理蜀國

諸葛亮治理蜀國，首先是從建立法治開始的。在劉璋統治益州時期，地方豪強肆意妄為，使得國家政令無法實行下去。面對這種情況，諸葛亮屬行法治，賞罰分明，不久就改變了劉璋統治時期政治腐敗的局面，使社會秩序恢復正常。

為了恢復國力，進一步安定人民生活，諸葛亮在政治、經濟上都實行發展生產、安定民生的

漆紗龍冠圖 三國

方針政策，使得蜀國的經濟力量得到很大的增強。為了保護著名的水利工程都江堰，諸葛亮設立了堰官，並派一千二百名士兵對都江堰進行保護。

諸葛亮對官吏要求嚴格，他任人惟賢，提拔了一批德才兼備的人來到各級機關中任職。在西元二二三年，諸葛亮任命蔣琬為東曹掾，費禕、董允為黃門侍郎，王連為屯騎校尉並兼任丞相長史，拜陳震為尚書；並任命當

都江堰

都江堰自秦時李冰父子修建以後，至三國已破損不堪。蜀漢政權立於號稱天府之國的成都平原地區，故而對農業灌溉極為重視，特別是諸葛亮治政期間，為了保證軍糧需求，發動大批人力、物力對都江堰進行了大規模的修繕和擴建。

青瓷盤口壺 三國

此壺為盛水器具。盤口束頭，溜肩圓鼓，腹漸內收，平底微內凹，腹部飾麻布紋。施青釉略閃醬黃色，腹下部施醬色，底部露胎，胎質細密，釉色柔和，紋飾古樸，造型規整。

諸葛亮

中國名人探秘

58

人。諸葛亮生活非常節儉，他曾在給劉禪的奏疏中說過他自己在成都有八百棵桑樹、十五頃田地，這些生產的東西足夠其家人生活之用，他自己的一切費用都是由官府供給，因此不需要別的產業。諸葛亮責任感極強，做丞相的時候，不管什麼時間，都是親自批閱公文，十分認真仔細，即使勞累，也不肯輕易休息。他勤懇認真的作法，為蜀國官員樹立了榜樣。

諸葛亮因為任重事繁，擔心有關軍國大計的措施不能保證全部正確。因此，他再三鼓勵左右及部下隨時指正自己的錯誤，他曾說：「要管理好國家，必須廣泛聽取各方面的意見。」他的部下參事董和，有一次因為對諸葛

時有聲望的名流大儒為各種官職。而對於那些貪污不法份子則毫不留情地進行罷免和懲辦，以樹立廉潔公正的風氣。諸葛亮自己則做出表率，以影響周圍的

四川成都武侯祠

諸葛亮鞠躬盡瘁，死而後已，一生為國操勞不斷。後人為了紀念他，於成都修建武侯祠，年年祭祀。唐朝大詩人杜甫流落於此，高吟「出師未捷身先死，常使英雄淚滿襟」。

亮處理事情不滿意，先後與諸葛亮爭論了十次，諸葛亮不但沒有責備董和，反而加以表揚。諸葛亮之所以能成為歷史上著名的政治家，與他這種謙遜踏實的品格是密切相關的。

聯吳伐魏是諸葛亮的一貫政策，在劉禪繼位後，諸葛亮就考慮如何打破吳蜀之間關係的僵局，重新修好，這樣才能解除後顧之憂，集中力量平定南中。為此，諸葛亮於西元二二三年派鄧芝出使孫吳。雙方經過談判，孫權斷絕了同曹魏的關係，重新和蜀漢結成聯盟。此後，吳蜀雙方使臣往來不斷，蜀漢減輕了後顧之憂。

在民族關係上，諸葛亮雖然是以武力平定南中地區的少數民族的反抗，但是諸葛亮堅持攻心為上，心戰為主。西元二二五年春，在作了充分準備後，諸葛亮兵分三路，向南中展開進攻。出兵不久，南中地區叛亂首領雍闓被部下殺死，隨後，孟獲成了南彝的首領。於是諸葛亮七擒孟獲，七次將他活捉，又七次將他釋放，使孟獲心悅誠服地歸降蜀國。這樣，南中各地少數民族統統歸附。

平定南中後，蜀漢後顧之憂解除，諸葛亮於是集中力量，準備北伐。

六、北伐曹魏

北伐曹魏，統一中原，是諸葛亮在〈隆中對〉裡早就提出的目標。西元二二七年，一切準備

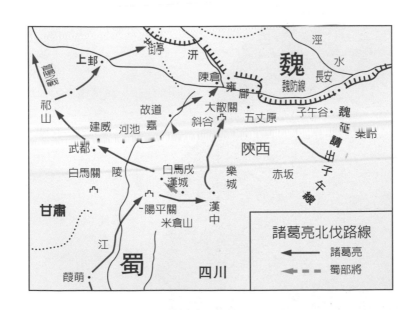

諸葛亮北伐路線圖

諸葛亮北伐路線
← 諸葛亮
← -- 蜀部將

就緒，諸葛亮向劉禪上了〈出師表〉，對後方的政治、軍事做了妥善的安排後，率領老將趙雲、魏延及年輕將領馬謖等，統率二十萬大軍進駐漢中，伺機北伐。

西元二二八年春，諸葛亮大軍向祁山進發。魏明帝曹叡親自到長安督戰，並派大將張郃抵禦蜀軍的進攻。諸葛亮命參軍馬謖扼守要地街亭，迎擊魏軍。結果馬謖自恃精通兵法，不遵守諸葛亮的部署，私自上山，被張郃打敗，街亭失守。與此同時，趙雲、鄧芝也出

師不利。諸葛亮見此，只好退回漢中，第一次北伐就這樣失敗了。回到漢中，諸葛亮揮淚斬馬謖，並自貶三等。但是，諸葛亮並不甘心，於是著手準備新的北伐。

西元二二八年多天，曹休被孫吳大將陸遜打敗，曹軍主力東下增援，諸葛亮乘機再次北伐，兵出散關，圍攻陳倉，魏將郝昭率軍死守二十多天，蜀軍糧草將盡，而魏將曹眞又率兵來援，諸葛亮只好無功而返。

西元二二九年、二三一年，諸葛亮又分別進行了北伐，雖然取得了一些局部性的勝利，但是始終未能與魏軍主力決戰，而且，往往因爲糧食運輸的問題無功而返。

西元二三四年春，諸葛亮發動了第五次北伐，也是最後一次北伐。此次北伐，諸葛亮用了三年時間做準備，他設計了流馬來運輸糧草，並且和孫權約好同時伐魏。諸葛亮率領十萬大軍從斜谷出兵，在五丈原與司馬懿在渭水相對峙。爲了進行長期作戰，諸葛亮決定分兵屯田，使屯田兵與渭水沿岸居民雜居，一起農耕。

而司馬懿採取

姜維像

諸葛亮 中國名人探秘

堅壁拒守的對策，不出戰，兩軍在五丈原相持一百多天。諸葛亮不斷向司馬懿挑戰，但是司馬懿不為所動。諸葛亮命人送給司馬懿一套女人的衣服，嘲笑他懦弱，試圖激怒司馬懿出戰，但是司馬懿竟含笑接受，仍不為諸葛亮所動。而此時傳來消息，與諸葛亮同時出兵的孫權兵敗而退回江南，諸葛亮不由得擔心魏國的援軍會不會到來。到了這年八月，諸葛亮積勞成疾，病逝於五丈原，時年五十四歲。

諸葛亮死後，大將姜維和楊儀依諸葛亮生前部署，撤退到漢中。儘管司馬懿得到蜀軍撤退的消息，仍不敢追擊。所以當時有「死諸葛嚇走生仲達」之說。後來，唐代詩人杜甫在評價諸葛亮時寫道：「出師未捷身先死，常使英雄淚滿襟。」也反映了後人對諸葛亮北伐失敗的歎息。

蜀漢大軍回到成都後，劉禪為了表彰諸葛亮生前的品德和功績，封賜諸葛亮諡號忠武侯，並將他安葬於漢中定軍山。

不以成敗論英雄。儘管諸葛亮沒有完成統一大業，但是他作為一代名相，在三國時期進行的縱橫捭闔的軍事策略和治理蜀國取得的業績，使他在中國人民的心目中成了智慧的化身。

李白

　　李白，字太白，號青蓮居士，是中國唐代的偉大詩人。其詩風雄奇豪放，想像豐富，語言流轉自然，音律和諧多變。他善於從民歌、神話中吸取營養和素材，構成其特有的瑰麗絢爛的色彩，是屈原以來積極浪漫主義詩歌的新高峰。

一、好任俠，喜縱橫

　　李白於武則天長安元年（西元七○一年）出生於西域的碎葉，五歲時隨家人定居於昌隆（今四川江油縣）的青蓮鄉。

　　李白少時，好任俠，且喜縱橫。昌隆所在的綿州地區，自漢末以來，便是道教活躍的地方。因此，李白從少年時起，常去戴天山尋找道觀的道士談論道經。

後來，他與一位號爲東岩子的隱者隱居於岷山，潛心學習，多年不進城市。他們在自己居住的山林裡，飼養了許多奇禽異鳥。這些美麗而馴良的鳥兒，由於飼養慣了，定時飛來求食，好像能聽懂人的語言似的，一聲呼喚，便從四處飛落階前，甚至可以在人的手裡啄食穀粒，一點都不害怕。這件事被遠近傳作奇聞，最後竟使綿州刺史親自到山中觀看鳥兒們的就食情況。這位刺史見他們能指揮鳥類的行動，認定他們有道術，便想推薦二人去參加道科的考試。可是，二人都婉言拒絕了。

當時有名的縱橫家趙蕤也是李白的好友，此人於開元四年（西元七一六年）就著成了《長短經》十卷。那時李白才十六歲。趙蕤這部博考六經異同、分析天下形勢、講求興亡治亂之道的縱橫家式的著作引起了李白極大的興趣。他以後一心要建功立業，喜談王霸之道，也正是受到這部書的影響。

二、仗劍遠遊

開元十三年（西元七二五年），李白出蜀，「仗劍去國，辭親遠遊」。他乘舟沿江出峽，漸行漸遠，家鄉的山巒逐漸隱沒不可辨認了，只有從三峽流出的

李白行吟圖　五代　梁楷

水仍跟隨著他，推送著他的行舟，要把他送到一個陌生而又遙遠的城市去。

李白到了江陵，他萬萬沒有想到在江陵會有一次不平凡的會見，他居然見到了受三代皇帝崇

李白《望廬山瀑布》詩意圖 明 謝時臣
此為李白詩《望廬山瀑布》「飛流直下三千
尺，疑是銀河落九天」的詩意圖。

敬的道士司馬禎。

　　天台道士司馬禎不僅學得一整套的道家法術，而且寫得一手好篆，詩也飄逸如仙。玄宗對其非常尊敬，曾將他召至內殿，請教經法，還為他造了陽台觀，並派胞妹玉真公主隨其學道。

　　李白能見到這個備受恩寵的道士，自然十分開心，還送上了自己的詩文供其審閱。李白器宇軒昂，資質不凡，司馬禎一見已十分欣賞，及至看了他的詩文，更是驚歎不已，稱讚其「有仙風道骨，可與神遊八極之表」。因為他看到李白不僅儀表氣度非凡，而且才情文章也超人一等，又不汲汲於當世的榮祿仕宦，這是他幾十年來在朝野都沒有遇見過的人才，所以他用道家最高的褒語讚美他，說他有「仙根」，即有先天成仙的因素，和後來賀知章讚美他是「謫仙人」的意思差不多，都是把他看做非凡之人。這便是李白的風度和詩文的風格給予人的整體印象。

　　李白為司馬禎如此高的評價歡欣鼓舞。他決心去追求「神遊八極之表」這樣一個永生的、不朽的世界。興奮之餘，他寫成大賦〈大鵬遇稀有鳥賦〉，以大鵬自喻，誇寫大鵬的龐大迅猛。這是李白最早名揚天下的文章。

　　從江陵起，李白開始了他鵬

李白〈訪戴天山道士不遇〉詩意圖 明 李流芳

程萬里的飛翔。

李白自江陵南下，途經岳陽，再向南去，便到了此行的目的地之一。

可是正當泛舟洞庭時，發生了一件不幸的事情，李白自蜀同來的旅伴吳指南暴病身亡。李白悲痛萬分，他伏在朋友的身邊嚎啕大哭，「泣盡繼之以血」。由於他哭得過於傷痛，路人聽到都為之傷心落淚。旅途上遇到這樣的不幸，真是無可奈何，李白只好把吳指南暫時殯葬於洞庭湖濱，自己繼續東遊，決心在東南之遊回來以後再來重新安葬朋友的屍骨。

李白來到廬山，在此寫下了膾炙人口的〈望廬山瀑布〉詩。

李白到了六代故都金陵。此地江山雄勝，虎踞龍盤，六朝宮闕歷歷在目。這既引起李白許多感慨，也引起了他對自己所處時代的自豪感。他認為往日之都已呈一片衰頹之氣，沒有什麼好觀賞的了，根本不及當今皇帝垂拱而治、天下呈現出的一片太平景象。

金陵的霸氣雖已消亡，但金陵的兒女卻飽含深情地接待李白。當李白告別金陵時，吳姬壓酒，金陵子弟殷勤相送，頻頻舉杯勸飲，惜別之情如東流的江

上陽台帖 唐 李白

水，流過了人們的心頭，使人難以忘卻。

李白告別金陵後，從江上前往揚州。

揚州是當時的一個國際都市。李白從未看過如此熱鬧的城市，與同遊諸人盤桓了一些時日。到了盛夏，李白與一些年輕的朋友「繫馬垂楊下，銜杯大道邊。天邊看綠水，海上見青山」，好不愜意。到了秋天，他在淮南（治所在揚州）病倒了。臥病他鄉，思緒很多，既感歎自己建功立業的希望渺茫，又深深地思念家鄉，惟一能給他帶來點安慰的，便是遠地友人的書信。

李白在淮南病好以後，又到了姑蘇。這裡是當年吳王夫差與

太白解表　版畫

唐玄宗時，西域某國進奏表章，朝內無人能識，秘書監賀知章薦李白讀表，玄宗又命李白草詔回覆，以宣國威。李白記起入都城應試時因不肯賄絡主考官楊國忠及高力士而被黜的往事，就請旨命楊國忠為其磨墨、高力士為其脫靴，以淺被屈抑之恨。圖中西域史臣捧表，李白坐讀其文，高力士、楊國忠、楊貴妃分立左右，玄宗坐於案前聽聽李白朗讀。

美女西施日夜酣歌醉舞之地，李白懷古有感，寫了首詠史詩〈烏棲曲〉。這首詩後來得到了賀知章的讚賞，稱其「可以泣鬼神矣」。由此看來，李白的樂府詩有時雖襲用舊題，卻別出新意。

姑蘇的歷史遺跡固然引起了李白的懷古之情，美麗單純的吳姬、越女更讓李白讚美不已。在昔日西施浣紗的蔦蘿山下，李白以自己的生花妙筆爲現今在浣紗石上的越女留下了一幅幅優美的速寫。

李白由越西歸，回到了荊門。

在荊門他一待就是三個月。雖然思鄉心切，但功業沒有一點成就，他自覺難於回轉家園。最後，他決定再度漫遊。

首先，他來到洞庭湖，把吳指南的屍骨移葬到江夏。他在江夏結識了僧人行融，又從他那裡瞭解到孟浩然的爲人，於是便去襄陽拜見孟浩然，由此寫下了著名的五律詩〈贈孟浩然〉。

不久，李白到了安陸（今湖北），在小壽山中的道觀住了下來。然而，隱居於此並非長久之計，他仍然想尋找機會以求仕進。在隱居壽山時，李白以干謁遊說的方式結交官吏，提高自己的聲譽。

李白的文才得到了武后時期的宰相——許圉師的賞識，便將其招爲女婿。

李白與夫人許氏在離許家較近的白兆山的桃花岩下過了一段幸福美滿的婚姻生活，可是美好的夫妻生活並沒有令李白外出漫遊以圖功業的心志有所衰微減退。他以安州妻家爲根據地，又幾次出遊，結識了一些官吏和貴公子，並於開元二十二年（西元七三四年），謁見荊州長史兼襄州刺史韓朝宗。

李太白詩卷帖　圓　康里子山

李白〈靜夜思〉詩意圖 清 石濤

黃褐釉雙管多頭硯 唐

硯面圓形微下凹，周圍有一凹水槽，硯邊塑二十雙等距離的馬蹄足，硯側塑一對長形斂口小罐，為插簪之用。

三、一進長安

　　封建帝王常在冬天狩獵。玄宗即位後，已有過多次狩獵，每次都帶外國使臣同行，耀武揚威，以此震懾鄰國。開元二十三年（西元七三五年），玄宗又有一次狩獵，正好李白也在西遊，因上〈大獵賦〉，希望能博得玄宗的賞識。

　　他的〈大獵賦〉希圖以「大道匡君，示物周博」，而「聖朝園池遐荒，殫窮六合」，幅員遼闊，境況與前代大不相同，誇耀本朝遠勝漢朝，並在結尾處宣講道教的玄理，以契合玄宗當時崇尚道教的心情。

　　李白西來的目的是獻賦，另外，也要趁此機會遊覽一下長安，領略這座「萬國朝拜」的帝京風光。他居住在終南山腳下，常登臨終南山遠眺。當李白登上終南山的北峰時，眼前呈現出泱泱大國的風貌。他深感生存在這樣的國家是不平凡的，因此頗有自豪之感。可是一想到這興旺發達的帝國內部已經產生了腐朽的因素，他的軒昂情緒又受到了打擊。

　　李白進長安後結識了衛尉張卿，並透過他向玉真公主獻詩，最後兩句說「何時入少室，王母應相逢」，是祝她入道成仙。李白還在送衛尉張卿的詩中陳述自己景況很苦，希望引薦，願為朝廷效勞。由此，他一步步地接近了統治階級的上層。

　　李白這次在長安還結識了著名詩人賀知章，地點就在紫極宮。李白早就拜讀過賀老的詩，這次相遇，自然立刻上前拜見，並呈上袖中的詩本。

賀知章頗為欣賞〈蜀道難〉和〈烏棲曲〉，興奮地解下衣帶上的金龜叫人出去換酒與李白共飲。李白瑰麗的詩歌和瀟灑出塵的風采令賀知章驚異萬分，竟說：「你是不是太白金星下凡到了人間？」

一年快過去了，李白仍然作客長安，沒有機會出任，他的心情有些沮喪。好友誠意相邀，希望他同去嵩山之陽的別業幽居，但李白無意前往。李白這次去長安，抱著建功立業的理想，卻毫無著落，這使他感到失望並有點憤懣。往王公大人門前干謁求告，也極不得意，只有發出「行路難，歸去來」的感歎，離開了長安。

李白〈蜀道難〉詩意圖　清　袁耀
此為李白名作〈蜀道難〉中「吁嚱，危乎高哉，蜀道之難難於上青天」的詩意圖。

李 白　中國名人探秘

69

李白醉酒圖　清　改琦

白玉嵌金佩　唐

此佩為宮廷用品。玉嵌金銀製品始於戰國秦漢，到唐代更為發達。佩頂尖有一小孔，兩腰圍三連弧形，面上鑲金形鉤連雲飾。紋飾纖細規整，在白玉襯托下，顯得富麗堂皇，雖是小件，反映了唐朝嵌金銀工藝的水準。

四、翰林供奉

天寶元年（西元七四二年），由於玉真公主和賀知章的交口稱讚，玄宗看了李白的詩賦，對其十分仰慕，便召李白進宮。李白進宮朝見那天，玄宗降輦步迎，「以七寶床賜食於前，親手調羹」。玄宗問到一些當世事務，李白憑半生飽學及長期對社會的觀察，胸有成竹，對答如流。玄宗大為讚賞，隨即令李白供奉翰林，職務是草擬文告，陪侍皇帝左右。玄宗每有宴饗或郊遊，必命李白侍從，利用他敏捷的詩才，賦詩紀實。雖非記功，也將其文字流傳後世，以盛況向後人誇示。李白受到玄宗如此的寵信，同僚不勝羨慕，但也有人因此心懷嫉恨。

天寶初，每年冬天玄宗都帶著酋長、使臣去溫家狩獵，李白自然侍從同去，當場寫賦宣揚玄宗的盛德，歌頌聖朝威力，深得玄宗賞識。此時，玄宗寵愛楊玉環，每與她在宮中遊樂時，玄宗都要李白寫些行樂詞，譜入新曲歌唱。李白懷著「長揖蒙垂國士恩，壯士剖心酬知己」的心情，竭盡才思來寫這些詩。

在長安時，李白除了供奉翰林、陪侍君王之外，也經常在長安市上行走。他發現國家在繁榮的景象中，正蘊藏著深重的危機，那便是最接近皇帝而專橫的宦官和驕縱的外戚。他們如烏雲一般籠罩著長安、籠罩著中國，給李白相當強烈的壓抑感。

與此同時，李白放浪形骸的行為又被翰林學士張垍所誹謗，兩人之間產生了一些嫌隙。宦官和外戚的受寵，使李白「大濟蒼生」的熱情驟然冷了下來，自己

桃李園圖　明　仇英

此畫源自李白的《春夜宴桃李園序》。圖繪四文士圍案而坐，對飲作詩的場景。燭火高燃，桃花綻放，青松勁挺，湖石玲瓏，遠山隱現，更襯托出桃李園之幽清。

雖在長安，但也沒有施展自己管、晏之術的機會。

朝政的腐敗、同僚的詆毀，使李白不勝感慨，他寫了一首〈翰林讀書言懷呈集賢諸學士〉，表示有意歸山。誰料就在此時，他被賜金放還，這似乎令李白感到非常意外。這次被賜金放還似乎是因為李白說了不合時宜的話。這次的歸山，實在是體面一點的放逐。

五、再次遠遊

天寶三年（西元七四四年）的夏天，李白到了東都洛陽。在這裡，他遇到正在蹭蹬不遇的杜甫。中國文學史上最偉大的兩位詩人見面了。此時，李白已名揚全國，而杜甫風華正茂，卻困守洛城。李白比杜甫年長十一歲，但他並沒有以自己的才名在杜甫面前倨傲；而「性豪業嗜酒」、

粉彩李白醉酒圖花盆 清

此花盆造型與一般花盆相同，但紋飾獨特，水畫五彩繪李白醉酒圖。畫面上，李白醉臥於庭院中的山石上，旁邊的兩童子乘機偷飲，一人已端起一杯送至嘴邊，似乎在嗅著酒香，另一人正手持調羹欲酌。

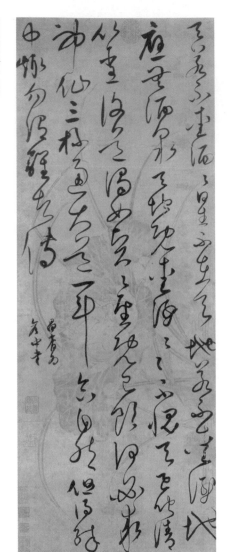

「結交皆老蒼」的杜甫，也沒有在李白面前一味低頭稱頌。兩人以平等的身分建立了深厚的友情。在洛陽時，他們約好下次在梁宋會面，訪道求仙。

這年秋天，李杜兩人如約到了梁宋。他們在此抒懷遣興，借古評今，甚至還在這裡遇到了詩人高適。高適此時也還沒有祿位，然而，三人各有大志，理想相同。

李、杜、高三人暢遊甚歡，評文論詩，縱談天下大勢，都為國家的隱患而擔憂。這時的李杜都值壯年，此次兩人在創作上的切磋對他們今後產生了積極影響。

這年的秋冬之際，李杜又一次分手，各自尋找道教的師承去造真籙（道教的秘文）、授道籙去了。李白到齊州紫極宮清道士高天師如貴授道籙，從此他算是正式履行了道教儀式，成為道士。其後李白又赴德州安陵縣，遇見這一帶擅寫符的蓋寰，為他造了真籙。此次的求仙訪道，李白得到了完滿的結果。

天寶四年（西元七四五年）秋天，李白與杜甫在東魯第三次會見。短短一年多的時間，他們兩次相約，三次會見，知交之情不斷加深。他們曾經一道去尋訪隱士高人，也偕同去齊州拜訪過

當時馳名天下的文章、書法家李邕。就在這年冬天，兩人分手，李白準備重訪江東。

李白離開東魯，便從任城乘船，沿運河到了揚州。由於急著去會稽會見元丹丘，也就沒有多滯留。

到了會稽，李白首先去憑弔過世的賀知章。不久，孔巢文也到了會稽，於是李白和元丹丘、孔巢文暢遊禹穴、蘭亭等歷史遺跡，泛舟靜湖，往來剡溪等處，徜徉山水之中，即興描寫了這一帶的秀麗山川和美麗婦女。

在金陵，李白遇見了崔成甫。兩人都是政治上的失意者，情懷更加相投。每次遊玩時，都盡情暢遊，不計早晚。他們泛舟秦淮河，通宵達旦地唱歌，引得兩岸人家不勝驚異，拍手為他們助興。兩人由於性格相投、遭遇相似，所以比一般朋友更為默契，友情更深厚，因而李白把崔成甫的詩繫在衣服上，每當想念，便吟誦一番。

李白在吳越漫遊了幾年，漂泊不定。這時國家混亂，情況一年比一年差。在以天下興亡為己任的心情引導下，他決計去幽燕以探虛實。到了幽燕之後，李白親眼看到安祿山林馬屬兵，形勢已很危急，自己卻無能為力。

安史之亂前兩三年，李白漫遊於宣城、當塗、南陵、秋浦一帶，仍然衣食依人，經常賦詩投贈地方官以求幫助。

在此次漫遊期間，李白因夫

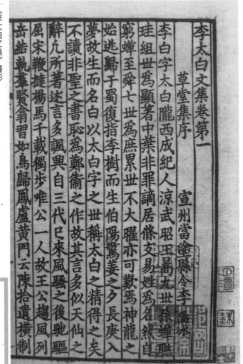

人許氏病亡，又娶宗氏。家庭多變，國家多事，李白一面求仙學道，一面企圖為國建功，對於國家安危，頗多關切，雖然仍是漫遊，已與過去有所不同。

六、病逝途中

天寶十四年，安史之亂策發，李白避居廬山。那時，他的胸中始終存在著退隱與濟世兩種矛盾的思想。永王李恰在此時出師東巡，李白應邀入幕。

李白入幕後，力勸永王勤王滅賊，而對於政治上的無遠見，他也做過自我檢討。同在江南的蕭穎士、孔巢文、劉晏也曾被永王所邀而拒不參加，以此免禍，李白在這件事情上顯然不及他們。

永王不久即敗北，李白也因之被繫潯陽獄。這時崔渙宣慰江南，收羅人才。李白上詩求救，夫人宗氏也為他啼泣求援。將吳兵三千軍駐紮在潯陽的宋若思，把李白從監牢中解救出來，並讓他參加了幕府。李白成為宋若思的幕僚，為其寫過一些文表，並跟隨他到了武昌。

李白在宋若思幕下很受重視，並以宋若思的名義再次向朝廷推薦，希望能再度得到朝廷的任用。但不知什麼原因，後來不但未見任用，反被流放夜郎，完全出乎人意料，這可能是因為當時永王幕下的武將均已得到重用。事情之所以發生變故，可能與崔渙、張鎬這批人的失勢有關。

至德二年（西元七五七年）冬，李白由潯陽道前往流放之所——夜郎。因為所判的罪是長流，即將一去不返，而李白此時已屆暮年，「夜郎萬里道，西上令人老」，不禁更覺憂傷。

由於李白在海內素負盛名，此行沿路受到地方官的宴請，大

家都很尊重他，並沒有把他看做一個遭流放的罪人。

乾元二年（西元七五九年），李白行至巫山，朝廷因關中遭遇大旱，宣佈大赦，規定死者從流，流以下完全赦免。這樣，李白在經過長期的輾轉流離之後，終於獲得了自由。他隨即順著長江疾駛而下，而那首著名的〈朝發白帝城〉最能反映他當時的心情。

到了江夏，由於老友良宰正在當地做太守，李白便逗留了一陣。乾元二年，李白應友人之邀，再次與被謫貶的賈至泛舟賞月於洞庭之上，發思古之幽情，賦詩抒懷。不久，又回到宣城、金陵舊遊之地。差不多有兩年的時間，他往來於兩地之間，仍然依人爲生。上元二年，已六十出頭的李白因病返回金陵。在金陵，他的生活相當窘迫，不得已只好投奔了在當塗做縣令的族叔李陽冰。

唐上元三年（西元七六二年），李白病重，在病榻上把手稿交給了李陽冰，賦〈臨終歌〉而與世長辭，終年六十二歲。

楊貴妃

楊貴妃，名玉環，是中國歷史上有名的四大美女之一。她原是唐玄宗第十八子壽王李瑁的妃子，後來一躍成為唐玄宗百般寵愛的貴妃，楊家也從此地位顯赫，權傾天下。安祿山發動叛亂後，她隨玄宗逃往巴蜀，在馬嵬驛因軍士兵變被縊死，死時三十八歲。

一、立為貴妃

楊貴妃，祖籍弘農華陰，後遷居蒲州永樂。她出生於成都，當時父母都在蜀州，父親楊玄琰擔任蜀州司戶。不久，她父親去世了，她只好寄養在當時擔任河南府士曹的叔父楊玄珪家，從小在洛陽長大。楊貴妃長得如花似玉，從小便能歌善舞，通曉音律，又嫻熟各種樂器。開元二十三年（西元七三五年），她被選為玄宗第十八子壽王李瑁的妃子，那年她正好十七歲。

開元二十五年十二月，就在太子李瑛去世不到八個月的時候，武惠妃也死了，從此玄宗常常悶悶不樂。這一方面因為玄宗是一個很專情的人，

然，另一個原因則是因為楊玉環天下無雙的花容月貌，當時人們稱她「姿質天挺」、「姿色冠代」，風度舉止、姿色儀態都冠絕一代。實際上，唐玄宗原先見過楊玉環，也讚美過她的「含章秀出」，只不過當時武惠妃還在世，他沒有什麼雜念，經過近三年精神上的孤獨和感情上的空虛，當提及「姿色冠代」的楊玉環時，玄宗也想起了她，並相當高興，毅然決定要高力士把她召入宮來。

為了把壽王妃弄進宮來，高力士找到壽王的親姐姐咸宜公主。咸宜公主雖然和以前一樣得到父皇的疼愛，但和母親武惠妃在世時的情況已不能相比。武惠妃在世時，她可以隨便進出內宮，現在，這項規定雖然還沒有被廢除，但她已不敢使用這一特權了。高力士來後，委

武惠妃和他做了二十多年的恩愛夫妻，在武惠妃死後他非常想念她；另一方面因為玄宗雖已年過五十歲，但是仍然好色，而且眼光非常高，宮中雖有數以萬計的佳麗，可是沒有一個他能看上眼的，他認為誰也不能和武惠妃相比。同時，他讓高力士四處為他選美。高力士物色了很多美女，但玄宗都不滿意，高力士不得不把獵豔的眼光轉向「外宮」，終於在壽王的妃子中找到了楊玉環這個絕代佳人。

壽王李瑁是武惠妃的兒子，玄宗原本對他很寵愛，想立他為太子，後來武惠妃死了，李瑁很快便失寵了。開元二十八年八月，根據高力士的「推長而立」的主張，玄宗立忠王李璵為皇太子。在後來的幾年裡，壽王處境非常尷尬。高力士選中壽王妃，也是因為此時把壽王妃召入內宮不會引起風波與麻煩的緣故。當

楊貴妃

中國名人探秘

78

婉地談一些往事，提到以前三位皇子的死，又提到武惠妃逝世之後，皇帝一直高興不起來。他又說，皇帝自武惠妃去世後，行樂自然也很少，但在玉眞觀遇到壽王妃時，卻破例擂了一次鼓。聽到這句話，咸宜公主立刻明白是怎麼一回事了。咸宜公主找到了弟弟，坦率地把高力士拜訪的事說出來，壽王當時就像遭到雷擊般，全身顫抖，說不出話來。

壽王的情緒非常激動，雖然三位兄弟的死讓他感到害怕，但是，他和楊玉環夫妻恩愛，他不能容忍這件事發生。他平時的理性與利害觀念，此時已經不復存在了，氣憤地說：「不行，我不能允許這樣的事發生。父皇怎麼能做出如此不合倫常的事來！」但是，雖作爲皇帝的兒子卻沒有很大權力的他，除了完全服從父親外，沒有第二條路可走，他最後只有獻出自己的妻子以全孝道。

爲了能夠與楊玉環相會，玄宗在一次宴會中提出讓自己的妹妹玉眞公主來照顧壽王妃楊玉環，讓楊玉環搬到玉眞觀住一段日子。但是壽王妃在玉眞公主的驪山道觀停留不到半個時辰，就從後面進了內苑，在那裡等待著壽王妃的就是大唐皇帝。玄宗在驪山溫泉別宮陪壽王妃住了十八天，然後才回到長安。這次驪山相會，對二十二歲的壽王妃來說，是驚憂？還是歡樂？就連她自己也弄不明白；但對五十六歲的玄宗來說，這無疑是心靈的解脫、青春的再現，他已經完全爲她傾倒。

爲了能與楊玉環朝夕相

楊貴妃驪山避暑圖　清　袁江
全圖遠景山巒起伏，暮靄飄邈，氣勢宏偉。近景宮殿樓閣，飛簷聳立，丹墀高疊。宮苑內花木扶疏，枝繁葉茂，眾人來往期間，宮門外一支馬隊飛馳而至。全景佈局工整勻稱，樓閣建築級人物為工筆重彩，筆法細膩，明快疏朗，色墨交輝。

處，玄宗命楊玉環自己上表，請求度爲女道士，並給予其宮中女官的職位，稱號「太眞」，正式與壽王離異，住進了太眞宮。楊玉環擅長歌舞、通曉音樂，又聰明過人，善於迎合玄宗的心意，得以受寵，宮中稱她爲「娘子」，禮儀與皇后相同。

做了五年地下夫妻後，唐明皇開始想名正言順地把楊玉環娶回宮中，當然，還是要先把壽王的心安撫好。楊妃被奪走，讓他留下感情上的創傷，同時也埋下了一顆不定時的炸彈。

幸好壽王的脾氣不怎麼暴躁，不敢發洩不滿，才得以免遭禍患。他的異母兄太子瑛、光王琚、鄂王瑤，都是因爲怨言而引起誣陷被賜死的。壽王身處在一種隨時可能出現的危險之中，他只有擺出一副恭敬孝順的樣子讓玄

宗放心。爲了安撫壽王，玄宗便爲他另選了一位妃子，那就是左衛勳二府右郎將韋昭訓的二女兒。天寶四年，皇上下詔冊封韋昭訓二女兒爲壽王妃，爲壽王冊封韋妃的日子選在立楊貴妃前的十一天。因爲隨著時光的流逝，在東都冊封楊貴妃這件事或許淡忘了，感覺好像壽王此時才娶了一位王妃。

天寶四年（西元七四五年）八月初六，唐玄宗在剛過完六十一歲大壽的時候，

金唐草鴛鴦紋執壺　唐
隋唐以後，酒禁逐漸解除，釀酒業迅速發展，品種繁多，達四十多種。從皇室貴族、官僚縉紳到平民百姓，大都有飲酒的習慣。同時，飲酒之風日盛。這些精美的酒器紋飾華美，顯示了唐朝的審美情趣和他們對飲酒器具的要求，從側面反映了唐代對飲酒的重視。

就把冊立楊玉環的詔書公佈天下。從制度上說，貴妃的地位僅次於皇后，但此時玄宗的皇后王氏早已去世了，宮中沒有皇后，楊玉環當時的地位，實際上就是六宮之主。

二、寵冠後宮

　　楊玉環被封為貴妃後，楊氏家族就以外戚的身分享受皇權。生父楊玄琰早已去世，被追封為兵部尚書、太尉，後來追至齊國公，生母李氏被追封為涼國夫人。貴妃長輩中只有叔父楊玄珪還健在，他被玄宗加封為光祿卿，後來升到兵部尚書、正三品。貴妃的三個姐姐也被封為虢國夫人、韓國夫人、秦國夫人，其中以虢國夫人最為得寵，權勢也最大。

　　虢國夫人錢財最多，也最仗勢欺人。有一次，她看中已故大官僚韋嗣立的豪宅，想佔為己

虢國夫人遊春圖 唐 張萱

有。她帶著侍衛婢女十人來到韋宅門前，對韋氏諸子說：「聽說此宅要賣了，多少錢？」諸子答說沒有此事。可是，在她的授意下，數百名工徒立時拆遷，只補賞韋宅十多畝空地。然後大興土木，令工匠限期完工。中堂蓋好後，又想苛扣工錢，她將螻蟻、蜥蜴放置堂中，說若堂中有微小的空隙，走失一隻，就不給工錢，可見虢國夫人有多麼的刻薄、吝嗇！

同時，楊貴妃的兄弟們也因她的受寵紛紛獲得官位。親兄楊銛是楊玄琰的兒子，被任命為殿中少監從四品，協助天子掌管天子服飾，再授上柱國、三品，享受「私第立戟」的光榮待遇。另

外，她的堂兄楊錡，楊玄珪之子，剛開始任官居六品的侍御史，後來，玄宗將自己寵愛的女兒太華公主賜婚給他，並被晉升為駙馬都尉。公主下嫁後，玄宗特將近宮的府第賜與公主，曰「太華宅」，與宮禁相連。

由於唐玄宗寵倖貴妃，楊家

楊貴妃　中國名人探秘

權傾天下，經常倚仗權勢，橫行霸道。有一次，楊氏五宅由家奴陪伴夜遊燈市，正巧廣平公主同駙馬程昌裔也在觀燈，兩隊都想過西市門，互不相讓。楊家的家奴竟抽打公主，公主受驚落馬，駙馬程昌裔下馬扶公主，也挨了幾鞭。公主向玄宗訴冤，玄宗依律令杖殺楊氏家奴。但是，第二天卻免去駙馬官職，並且不讓他上朝，以安慰楊氏。以此可見楊門氣焰之囂張。

楊貴妃的遠房哥哥楊國忠本是一個不學無術的小人，一向爲宗族所不齒，卻由貴妃姐妹引薦，被任爲金吾兵曹參軍、閒廄判官。不到一年，即兼領十五餘伎職。後接替李林甫爲丞相，把持了國政。

玄宗得到楊貴妃後，曾對宮人說：「朕得楊貴妃，如得至寶也。」爲此，他還特意譜寫了一支〈得寶子〉曲子，從此與貴妃形子、公主還有貴妃的姐妹都拜她爲師，稱爲「琵琶弟子」。每彈奏一曲，大家都獻給她許多金寶珍玩。她所用的琵琶也精美別緻，是用邏檀木做成的，木質溫潤如玉，光彩照人，上面刻著金縷紅紋，繪成雙鳳。所用的琴弦，是末河羅國進獻的，用淥水蠶絲做成，「光瑩如貫珠瑟瑟」。貴妃還善於擊磬，「拊搏之聲冷冷然，多新聲」，即使梨園弟子也都望塵莫及。貴妃的多才多藝令玄宗十分疼愛，他特地命專人用藍田綠玉琢磨成磬，磬架和穗子都用金鈿珠翠加以裝飾，又專門造了兩座精美的金獅

華清宮 唐
華清宮位於陝西臨潼縣南門外驪山北麓。唐太宗李世民曾在此建湯泉宮，至玄宗又擴建殿宇，改名華清宮。華清宮規模宏大，殿宇、湯井、池台極爲輝煌壯麗。李隆基每年十月攜楊貴妃來此居住，至歲末返回長安。

子作爲磬座，豪華奇麗。這個特製的磬是當時最好的，沒有其他的東西可以與它相媲美。

楊貴妃生活上極度奢侈。宮中爲貴妃織錦刺繡的女工多達七百人，爲她雕刻鑄造的又有數百人。她的奇服秘玩，變化無窮。四方爭先進貢珍奇物品用來討好貴妃。這些珍奇物品已經達到「動駭耳目」的程度。嶺南節度使張九章、廣陵長史王翼讓良工巧匠精製奇器異服獻給貴妃，貴妃很高興，便讓玄宗爲他們加官晉爵。

楊貴妃小時生長在四川，喜歡吃荔枝，嶺南的荔枝果肉晶瑩如玉，漿液酸甜如酪。但荔枝色味易變，玄宗不惜千里迢迢，每年命嶺南快馬傳送連根帶土的荔枝，即使盛夏酷暑，送到長安後色味也不會變。

楊貴妃善於迎合玄宗的心意，整天與他戲謔調情。每到酒酣興奮的時候，貴妃統領宮女百餘人，玄宗統領小宦官百餘人，在掖庭中排成兩隊，稱爲「風流陣」。雙方用彩錦做旗幟，互相攻擊打鬥，敗的人要罰喝十大杯酒，以此相互戲笑。

楊貴妃在華清宮的恩幸更是前無古人，後無來者，她與玄宗經常在華清溫泉沐浴，用銀鏤漆白香木做成船，又用珠玉裝飾槳

櫓，窮奢極侈。李商隱曾經寫詩「華清恩幸古無倫，猶恐蛾眉不勝人。驪岫飛泉冷暖香，九龍呵護玉蓮房」，描述的就是貴妃在華清宮百般受寵的情景。

楊貴妃偶爾也會惹玄宗發

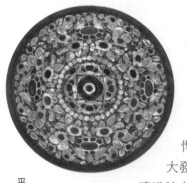
平螺鈿背鏡　唐

怒。天寶五年（西元七四六年）七月，玄宗因她「妒悍不遜」而大發雷霆，把她遣送於宮外任鴻臚卿的兄長楊銛府中，貴妃的姐姐們以及楊銛都以為大禍快要降臨，嚇得聚在一起抱頭大哭。玄宗因一時憤怒趕走了貴妃，卻感到異常空虛、無聊，他心中煩躁不安，左右的宦官經常遭到他的責罰。高力士明白主子的心意，請求將貴妃院中的供帳、器玩百餘車送給貴妃。當天晚上，他又上奏玄宗請求把貴妃接回宮中，玄宗立即命人打開興安坊門，接回了貴妃。貴妃一見玄宗，立刻哭泣著跪倒在地請罪，玄宗十分疼惜，從此更離不開楊貴妃，終日與她在一起，「自是恩遇愈隆，後宮莫得進矣」。

天寶九年（西元七五〇年）二月，楊貴妃因偷吹了寧王的紫玉笛，玄宗感到不快，再次把她遣送到宮外。楊國忠慌了手腳，不知如何是好，便向戶部郎中吉溫請求對策。吉溫答應勸玄宗回心轉意，遂入宮上奏說：「婦人智識不遠，心胸狹窄，結果得罪了皇帝，但是貴妃久承皇上恩澤，就將她在內宮處死吧，何必讓她忍辱於外，讓人笑話呢？」玄宗本來就有些懊悔，聽了吉溫的話，遂停止用餐，馬上派宦官張韜光把御食分賜給貴妃。楊貴妃見到韜光，哭泣著說：「煩奏請皇上，妾罪該萬死。衣服等東西都是皇帝賜給我的，只有頭髮肌膚是父母所生。今當即死，無以謝上。」說

螺鈿紫檀阮弦琵琶　唐　琵琶長一百〇四公分，寬三十九公分。

宮中行樂圖 唐

完就用剪刀剪下一縷秀髮,讓韜光交給玄宗,以此訣別。玄宗聽到後大驚失色,立即把她接回,對她更加恩寵。

三、貴妃認子

天寶年間,唐玄宗自稱「年事已高」,終日與楊貴妃遊玩,朝中事務讓宰相來負責,把軍國大事委以邊將。在這些宰相中,李林甫是最先受寵的,位於其次的是楊國忠,而安祿山是惟一一直受寵的邊疆戰將。

安祿山屢立戰功,佔有北疆三鎮的重要軍事要地。安祿山外癡內奸,幽默詼諧,曲意奉承以及最善於說自己的「忠心」,所以唐玄宗對他極爲欣賞。他每年都向皇上進獻大量的俘虜、雜畜、奇禽、異獸、珍玩之物。有一次,唐玄宗見他身體發福,肚子很大,便對他開玩笑說:「你的肚子究竟裝有什麼,竟然這麼大?」安祿山回答說:「裡面沒

沉香亭圖 清 袁江

楊貴妃

中國名人探秘

86

雙魚金花銀碗　唐

有其他的東西，只有我的忠心一顆。」玄宗聽了很高興。在他初次入朝時，玄宗就讓他與楊銛、楊錡以及皇子們結為兄弟。

　　有一次在宮廷中遊樂時，安祿山拜見了楊貴妃。皇子們對貴妃行的是母禮，而安祿山雖曾與貴妃的兄弟結為兄弟，但他心中卻另有打算。在宮內遊巡到最後，貴妃設小宴招待他，皇上也加入宴中，安祿山見時機已到，便自請奉貴妃為義母，以表他對皇室的忠心。皇上心中也有些詫異，不過看見貴妃顯得錯愕，心中反有些興致，便爽快地答允。於是，高大魁梧的胡人安祿山向楊貴妃拜叩，用的是胡人拜親長的正式儀禮，拜畢而起。皇帝等他再拜自己，但是，安祿山沒有馬上行拜禮，皇上奇怪地問他，他正正身子說：「臣乃胡人，今日認義母行大禮，用的是本族大禮，按胡人習俗，先拜母後拜父。」他稍頓，又俯身下拜，口稱：「兒臣叩見父皇！」用的是

朝禮。玄宗見狀笑了，他欣賞安祿山的風趣以及跪拜所用的兩種禮儀。他十分高興，於是命設內宴，慶賀貴妃收義子。

興慶宮各執事之人立刻設盛大內宴，皇上又宣佈歡宴分兩日舉行。宮中所有樂班奉命，排演了幾套大樂章，有著名的霓裳羽衣舞樂。此外，又命著名樂工譜一曲，以紀念貴妃收義子一事。第一天，先是在花萼樓設宴，之後便到龍壇看雜耍觀舞樂。皇族、外戚、諸位大臣、命婦，有三百多人被召入宮中赴宴，花萼樓的宴會之後，一部分大臣告退回府，龍壇的遊樂便顯得輕鬆歡快了許多。奉命入宮的雜技班表演了玩甕、弄缸、疊人、走索上竿等技藝，十分熱鬧。皇上看了第一場雜技便回宮休息，由貴妃來主持這場遊樂會。義兒安祿山極守禮貌，每次節目結束後，他便走過來向貴妃行大禮拜謝。

第二天，便出現了一個哄鬧的場面，虢國夫人阿怡準備了一個大錦兜，讓八名壯士用錦兜裏了安祿山抬著，鼓樂喧鬧地進入殿中，兩名執事內侍在八人前面開路，高唱貴妃洗兒，乞賞賜。巴蜀風俗中，錦兜裏兒出見賓客稱爲洗兒，洗兒是在男丁初生之時，乞賞賜是示賤納福之意。賜賞的人便拿錢或各種小物件，放

迎玄宗圖 唐 佚名

入錦兜中以示慶賀。於是阿怡就故意命人抬安祿山到各官婦、王妃之中，於是，這些與宴女賓都取下一件飾物放入錦兜，安祿山如丑角似的被八個人抬來抬去，不過，錦兜左右有虢國夫人和謝阿蠻等美女相伴，在女子群中出入，使他也忘情而樂了。

慶宴三日之後，安祿山與皇家的關係也進了一步，不久被封爵為東平郡王兼平盧、范陽、河東三鎮節度使，身負大唐北方邊疆守衛之職。

四、香銷玉殞

天寶十四年，百姓安居樂業，天下太平。不過宰相楊國忠和韋見素都發覺安祿山暗中招兵，大量積蓄後備，便聯合起來一再向玄宗進言，要求削減安祿山的權力，防患於未然，但玄宗皇帝並未應允，對安祿山仍很器重。隨著時間推移，安祿山擁兵謀反的跡象越來越明顯，楊國忠上奏玄宗可以引安祿山入朝，以便解其兵權，方便控制，玄宗也不肯。

這年十一月，蓄謀已久的安祿山於范陽起兵，揮師南下，金鼓聲打破了天下的太平。在玄宗派將反擊安祿山失利後，年已古稀的玄宗表示要率師親征，讓太子監國。太子一向憎恨楊國忠專權，他監國後勢必為楊家帶來厄運。

楊國忠驚恐萬狀，馬上找到韓國夫人、虢國夫人、秦國夫人商議對策，他們聚在一起大哭，之後決定由三位夫人去勸說貴妃，由貴妃親自出面勸說，玄宗遂取消了親征的行動計劃。楊氏家族也暫時渡過這一難關。

至德元年（西元七五六年）六月，由於玄宗指揮失誤，潼關失守，通往長安的大門被打開了，玄宗與楊貴妃等連夜逃離京師，前往巴蜀，當行至馬嵬驛時，隨從的六軍將士因一路餐風露宿，疲憊不堪，怨恨楊國忠的亂政誤國招致了這次動亂，於是怒不可遏地發動兵變，殺死了楊國忠及其子戶部侍郎楊暄，韓國、秦國夫人也同時遇害。

餘怒未息的將士包圍了驛站。玄宗走到驛門，慰勞軍士，命令收兵，軍士卻屹立不動。玄宗派高力士前去詢問，龍武大將軍陳玄禮回答說：「國忠謀反，貴妃不宜供奉，願陛下割恩正法。」玄宗聽後，依杖而立，遲遲不表態。最後經京兆司錄韋諤與高力士苦苦相勸，再三陳述利害關係，玄宗

楊貴妃墓在陝西興平縣馬嵬坡。墓地為一個陵園，面積三千平方公尺，墓磚砌圓形，立「楊貴妃之墓」碑，大門橫書「唐楊氏貴妃之墓」七字，墓園內有歷代名人題詠碑刻。

迫不得已，強忍著內心的巨人痛苦，走進行宮，扶著貴妃出廳門，至馬道北牆口與她訣別。

貴妃泣涕嗚咽，泣不成聲，最後說：「願大家好運。妾誠負國恩，死無恨矣。乞容禮佛。」玄宗說：「願妃子善地受生。」高力士把她縊死在佛堂前的梨樹下，絕六軍將士疑明已死後，將屍體埋在西郊外一里多遠的道路北坎下。這年，她正好三十八歲。

貴妃死後，玄宗日夜思念貴妃，憂鬱成疾。平定安史之亂後，玄宗在肅宗的陪同下，在文武百官的前呼後擁下，熱熱鬧鬧地回到長安。但是興慶宮裡的喧鬧氣氛再也沒有了，玄宗在那裡度過了兩年半的寂寞的太上皇生活，就去世了。

後來人們因對一代美人命運多舛的感歎，便編了一個虛幻美好的傳說：說死於馬嵬坡的是一個做替身的宮女，楊貴妃已經逃到海外仙山，並沒有死，過得很快樂。這當然是民間傳說，不是歷史事實。

王安石

王安石是北宋的名相，同時也是一名傑出的思想家、文學家。王安石瞭解北宋中期的社會危機，於是向宋仁宗上〈萬言書〉，要求改革吏治、實行變法。到了宋神宗時期，王安石積極推行「新法」，與以司馬光爲首的保守派展開鬥爭，確保「新法」的頒佈實施，被列寧稱爲「中國十一世紀的改革家」。王安石的詩文造詣也很高，名列唐宋八大家之中，他的文章〈傷仲永〉，情理兼具；他的「春風又綠江南岸，明月何時照我還」的詩句，至今仍膾炙人口。

一、州縣做官

王安石，字介甫，號半山，撫州臨川人，於北宋眞宗天禧五年（西元一○二一年）出生在官宦之家。十九歲遇父喪，三年居喪期滿，正逢科舉考試，於是他赴京師開封應試，名列進士第四。不久，他被派往揚州擔任簽書淮南節度判官廳公事。從前的制度規定：任職期滿，准許呈獻文章要求考試館閣職務，可是王安石偏沒有這樣做。

一○四七年，王安石調往鄞縣任知縣。鄞縣本來是個好地方，灌漑便利，可是當王安石到任時，水道早已因爲年久失修，以致渠川堵塞，河底朝天。第一年上任，風調雨順，收成很好，可是王安石並沒有放棄大興水利的打算。在徵得上司同意後，他

利用農閒時期，組織鄉民浚治水道、興建堤堰，他還把官倉中的穀物借給百姓，豐收後償還。王安石做事不辭勞苦，認真負責，確為一般「親民官」所不及。他在鄞縣做的第二件好事，即實行「青苗法」，貸穀於窮人，抑制土地兼併。當時豪強地主放高利貸，無法償還的百姓被迫拿土地抵債。他實施青苗法，使官倉中的糧食得以更新，民眾也得到方便，有力地打擊了高利貸的剝削活動。

王安石目睹北宋吏制的腐敗、人才的匱乏，於是大力興辦教育。他一反「近世之法」，把鄞縣孔廟改為「縣學堂」。他還從越州聘請四明山一帶頗有名氣的學者杜醇當教學官。為了紀念王安石的政績，鄞縣人民為他立祠廟，並且歷代祠祭，經久不衰。

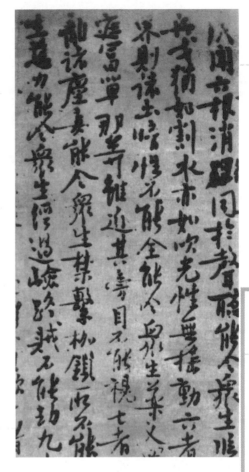

一○五七至一○五八年，王安石先後擔任了常州知州、江南東路提點刑獄。這時文彥博是宰相，向皇帝推薦王安石，說他淡泊名利，請求越級提拔，以便遏制官場上為名利奔走的不良風氣。不久，朝廷召王安石考試官職，他沒參加。歐陽修推薦他任諫官，他則以祖母年高為由來推辭。

白玉瓜墜
北宋

在擔任地方官的十幾年間，王安石無論是做知州，還是任監司官，他都努力做一些實實在在、興利除害的事情。

二、上〈萬言書〉

一○五八年十月，王安石被調任三司度支判官，成為京官。在外任官十幾年，此時的王安石已積累了豐富的地方吏治經驗。

體察社會弊病、瞭解民間疾苦的王安石上任後，決心推行改革。北宋中期，內憂外患並存，釀成社會危機。於是王安石站出來，向仁宗上了〈萬言書〉，系統地提出了改革的意見。但仁宗皇帝沒有重視，他本來就懦弱平庸，晚年又沉溺深宮，幾乎不問政事，於是〈萬言書〉猶如石沉大海，毫無音信。

兩年以後，王安石調任直集賢院─管理秘書圖籍，又任知制誥，就是負責替皇帝起草文告命令的官員，他當時兼管糾察汴京刑獄。

王安石性格倔強。開封一青年有一隻善鬥的鵪鳥，有人向他要，他捨不得給。有個朋友私自將鳥拿走了，該青年追上朋友並將其殺了。開封府判處青年死刑，王安石則認為青年捕殺盜賊，應視為無罪。於是彈劾開封府的錯誤審判，狀告到大理寺，但大理寺也認為開封府判得對。後來，仁宗下詔要王安石認錯，而王安石還說：「我無罪。」拒不認錯。

在一○五八年的〈萬言書〉中，王安石系統地提出了變法意見。

石的好友，每當他在神宗面前講的意見得到稱讚時，就說：「這其實都是我朋友王安石的觀點。」後來，韓維升爲太子庶子，便推薦王安石替代自己的原位。神宗一即位，就立即任用王安石爲江寧知府，幾個月後又召爲翰林學士兼侍講。這樣，神宗可以直接傾聽王安石的改革建議。

　　第一次召見時，宋神宗就問：「治理國家，首先要注意什麼？」王安石回答道：「首先要選擇方法。」又問：「唐太宗如何？」答道：「陛下應當效法堯舜，何必說唐太宗呢？堯舜的方法，非常簡便、關鍵、容易。只是後來的學者不能理解，就以爲高不可測了。」神宗對王安石的回答非

首先提出：「現在社會財力一天天缺乏，風俗一天天衰敗，士大夫們不能不爲社稷擔憂。造成這種形勢的癥結在於：如今的法度多不合時宜。現在應該從實質上學習先王的政治，進行改革。」他還指出，針對吏治腐敗、人才缺乏的問題，要改革學校、科舉、恩蔭，從地方提拔有用的人才來治理天下。針對財政困難、官吏貪污等問題，他都提出了自己獨到的見解，最後提出，改革的關鍵在於皇帝，皇帝要堅持改革，不能因流俗和僥倖之人的反對而半途廢止。

　　宋神宗還是太子時，就對王安石的〈萬言書〉十分讚賞。太子府掌文書的記事官韓維是王安

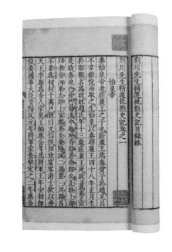

殿試圖　北宋
學子們正在完成科舉最後階段的考試——在皇宮中皇帝駕前舉行的殿試。凡達到這個階段的人已經通過了兩種必須的考察，實際上能夠確保獲得功名並且成為顯要的官員。

常滿意，叮囑他全心全意輔佐改革。在一次講席以後，神宗將王安石單獨留下來，諮詢變法措施，王安石乘機要宋神宗堅決排斥反對變法的人。這一年，河北大旱，國家財政由於救災費用巨增而出現緊張局面。十一月，在祭天活動中，神宗讓學士們議論救濟的方法時，王安石與司馬光爭論起來。神宗看出兩人爭論的焦點反映出了兩條根本不同的救弊路線。司馬光主張緩變；而王安石要劇變，從根本上解決問題。宋神宗很讚賞王安石的魄力，下決心排除各種干擾，採用王安石變法。

三、入相變法

　　一〇六九年二月，宋神宗任命王安石為參知政事，並設置了整頓財政和商議變法的專門機構——三司條例司，由王安石主持，開始實行變法。一〇七〇年十二月，又任命王安石為同中書門下平章事，即宰相，賦予他更大的權力以推動

白玉變龍柄葵式碗　北宋
現藏北京故宮博物館。此碗仿金銀器雕琢，玉質赭色浸紅斑點，為宋代傳世珍品。

岳麓書院藏書樓　北宋

永裕陵宋朝文官像

永裕陵是宋神宗的陵墓，位於今河北肇義
市。文官像的姿態自然，將宋朝文官的溫順
謙恭和深謀遠慮，刻劃得栩栩如生。

王安石　中國名人探秘

95

變法。在任宰相執政期間，他輔
佐神宗實行變法，掀起了持續十
六年之久的熙豐改革運動。這場
改革發起於熙寧二年（西元一〇
六九年），至元豐八年（西元一
〇八五年）神宗病逝而
結束。它可分為熙
寧新法與元豐改
制兩個階段。宋
神宗自始至終
是變法的領導
者，他對王安
石非常信任，
甚至王安石頂
撞了他也不計
較。王安石更
是感激皇上的恩

雙虎紋瓶　北宋

遇，以天下事為己任，傾全力實
行變法。

　　熙豐改革的目的是富國強
兵，為達此目的，王安石陸續推
出青苗法、均輸法、農田水利
法、募役法、巿易法等，這屬理
財富國一類；將兵法、保甲法、
保馬法等，則屬於整軍強兵一
類；更貢舉、興學校等，則屬整
頓吏治、培養人才一類。變法的
中心是「理財」，「理財」的方
法是「民不加賦而國用足」。

回。農田水利法（或稱農田利害條約）於一〇六九年十一月頒佈，規定各地興修農田水利工程，工料由當地居民照戶分派。均輸法發佈於一〇六九年七月。朝廷徵調財物時，考慮到富商壟斷物資、抬高物價，從而使百姓困苦不堪，於是均輸法規定徵調權統歸發運使，由發運使掌管六路、京師生眾和府庫的儲備等狀況，然後根據實際需要和各地產品情況徵收，由國家調劑有無、權衡貴賤、統一運輸，所謂「徙貴就賤，用近易遠」，從而打擊商人牟取暴利的行為，替農民減輕了一些負擔。

募役法是熙豐變法中影響最大的一項改革。王安石在制訂過程中慎之又慎，與神宗商議兩年才頒行，從熙寧二年（西元一〇六九年）到熙寧四年（西元一〇七一年）才付諸實施。這是王安

青苗法於一〇六九年九月頒佈。在青黃不接時，政府主動向農民發放貸款救急，一年按春、秋發放兩次，要他們二分的利息。春天分發出去的必須秋天收

石最得意的一項新法。募役法又稱免役法，北宋中期，差役的危害極大，但官戶、將吏、僧道戶、女戶、單丁戶、城市居民戶和商賈均可享受免役權，繁重的兵役就落到農村中的小地主和自耕農身上，對農村生產力摧殘極大。王安石改革時規定，按百姓家庭財產多少，分別讓他們出錢雇人充役，使本來不服役的家庭也都一律出錢。這樣，自耕農免除了差役，而朝廷增加了收入。

保甲法，王安石在上〈萬言書〉中就已經提出過。保甲法實行的目的之一就在於鎮壓農民各種形式的反抗。把鄉村人口編入籍簿，兩名男丁取一人，十家爲一保，保丁都發給弓弩，農閒時操練，教授他們戰鬥的方法。保甲法作爲改革冗兵弊病的措施，爲國家節省了巨額經費。作爲傳統政治家，王安石的遠見卓識，已能從此窺見一斑了。

在培養人才上，王安石對學校進行整頓，改組太學，擴大太學生名額，增至一千人。爲統一上下思想，以推動變法的開展，王安石親自編訂各學校統一教材。他注解了《詩經》、《尚書》、《周禮》三部書，凡科舉考試都奉此爲教材。

熙寧變法使「富國強兵」收到了一定效果，尤以「富國」成效最大。西元一〇七八至一〇八五間，「中外府庫無不充盈」，「可以支二十年」。邊防方面也取得成效，一〇七二年，在變法高潮中，經略安撫使王韶曾取得了打敗西夏、收復熙河等五州二千里土地的勝利，使唐中葉以後失

鐵犁壁 北宋
宋朝的犁由犁床、犁壁組成，犁壁置於犁床前端，用來耕地翻土。爲了減輕翻土的阻力，當時多將犁壁製成桃形。

清明上河圖（局部） 北宋 張擇端

陷二百年的舊疆重歸故土。由此可見，變法在一定程度上扭轉了「積貧積弱」的局勢。

四、變法失敗

王安石在宋神宗支援下進行變法，從一開始就遭到許多人的反對。反對派以司馬光為首，在太皇太后和岐王趙顥的支援下，對新法進行了全面的攻擊。

守舊派反對改革，首先製造謠言，阻撓王安石上台參與大政。王安石以身許國，義無反顧，面對流言，毫不畏縮。一○六七年，神宗剛把王安石調到京師，守舊派就預感到力主改革的他將被重用。一時間，朝廷中刮起一股阻撓王安石參政的陰風。當他被任命為參知政事後，御史中丞呂海急不可待地捏造了王安石十大「罪狀」，攻擊他「大奸似忠，大詐似信」。當時王安石剛上任幾個月，連司馬光也感到驚訝，覺得呂海操之過急。神宗看完呂海的彈劾文，立即退還，弄得呂海難以下台，不得不要求辭

官，神宗於是讓他做了地方官。王安石推舉呂公代替呂海任御史丞。韓琦規勸神宗停止實行變法，神宗有些猶豫，剛想同意韓琦的意見，王安石立即要求辭職。後來司馬光為神宗起草的詔書中有「士大夫沸騰，百姓騷動」等言語，使王安石大怒，他立刻上章為自己辯護。神宗深感王安石的說法有道理，於是沒有採納韓琦的意見，而繼續任用王安石管理政事。

反對派認為，變法針對那些地方富豪是不應該的，他們是國家政權的基礎，如果把他們都搞垮，一旦邊境形勢緊張，需要興師動眾，軍需的錢糧將沒有著落。他們反對保甲法，擔心保丁

習武，一旦災荒出現，保丁就會拿起武器，成爲國家的大患。對於青苗法，反對派認爲政府實際上是在放高利貸，有損國家體面，而且荒年借貸肯定要虧本。在推行免役法上，兩宮皇太后親自到神宗面前哭訴，說她們的親屬被強迫交納很重的免役錢，恐怕京城會因此發生動亂。

對於反對派的責難，王安石據理進行反駁。一〇七〇年三月，宋神宗問王安石：「外邊傳言，朝廷認爲『天變不足懼，人言不足恤，祖宗之法不足守』，這是什麼

話？朝廷哪有過這樣的話？」王安石沒有正面回答自己是否說過「三不足」，而是寫了〈上五事劄子〉，對反對派攻擊最厲害的五件事進行了反駁。「三不足」口號是一〇七二年王安石提出來的。熙寧五年（西元一〇七二年）春，司天監靈台郎元瑛奏言：「天久陽，星失度，這是由於強臣擅國，政失民心之故，應當罷免王安石。」樞密使文彥博爲了阻撓市易法，居然上書說：「市易，招民怨，致使華山都

打馬球畫像磚　北宋
現藏於中國體育博物館。騎於馬上的擊球手右手執球杖，左手勒韁，眼睛注視前方。所騎之馬，頭底向前蹄，後蹄撩起，尾巴上揚。整個畫面表現了將要進入比賽的一剎那。

宋仁宗皇后像

影青刻花玉壺春瓶　北宋

現藏西安市博物館。此瓶造型古樸，刻花典雅。無論在原料選擇、製作工藝以及裝飾紋樣等方面都達到了較高水準，所以代表了宋代影青瓷的燒造水平。

象有正確認知，保守派的陰謀才未得逞。元瑛被刺而發配到英州，文彥博的奏章被扣壓並被派出去任魏地的留守。

五、罷相還鄉

王安石任宰相期間，一次禮官討論確立太廟中太祖牌位方向的位置時，王安石擅自決定把僖祖的牌位奉入太廟中，參加討論的官員聯合起來與王安石爭論，也沒能改變他的決定。上元節晚上，王安石隨聖駕騎馬進入宣德門，守門衛士阻止喝叱，並鞭打王安石的馬匹。王安石大怒，上章要求懲治這些衛士。御史蔡確為衛士辯解，但神宗最終還是杖打了衛士，斥責內侍。王韶開鑿熙河向朝廷報功，神宗認為這是王安石的建議，解下隨身的玉佩賜給了王安石。由此可見，王安

崩塌了，這難道不是上天在警告嗎？」反對派企圖借一些自然異常現象動搖神宗，打敗王安石，以廢新法。因此，王安石勇敢提出了「天變不足畏」的響亮口號。一○七五年十月，彗星出現，彗星在當時被稱做「妖星」，反對派乘機又掀起一次反對變法的高潮。由於王安石對天

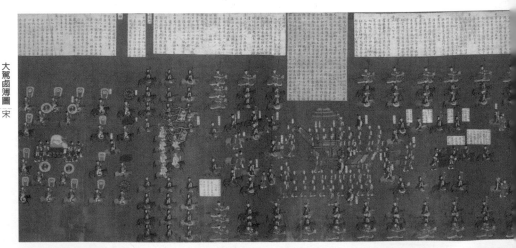

大駕鹵簿圖　宋

石在當時是多麼受神宗寵信。

但宋神宗在反對派的強大攻勢面前還是動搖了。一〇七四年四月，天下大旱已經八個月了，反對派聲言這是上天不滿的表現。王安石的學生鄭俠在反對派的支援下，上書神宗，獻上〈流民圖〉，並說：「旱災主要是新法招來的，罷了王安石的官，天就會下雨。」宋神宗反覆觀看該圖，因此對變法有些懷疑。王安石不得不自請辭退。於是神宗罷免了他的宰相職務，而任命他為觀文殿大學士、江寧知府。

呂惠卿服喪期滿後，王安石不停地推薦他，神宗任用呂惠卿為參知政事，又經王安石舉薦，韓絳被封為宰相。這二人堅決支援王安石制定的成法，繼續推行新法。但是呂惠卿的品德不好，他早就想取代王安石，很怕王安石再度被重用，於是千方百計尋找機會打擊王安石。他借辦理鄭

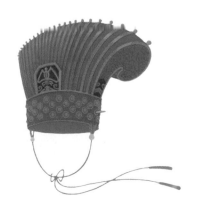

北宋通天冠復原圖

俠案件陷害王安石的弟弟王安國，又製造李士寧獄案，想進一步陷害王安石。他的陰謀被韓絳發現了，韓絳利用自己的權力加以阻擋，並向神宗揭發此事，密奏神宗召回王安石執政。神宗也深感變法少不了王安石，於是，一〇七五年二月，又下詔恢復王安石同中書門下平章事之職。

復相後，呂惠卿不但不協助王安石推行新法，反而伺機打擊王安石，變法派內部出現裂縫。這時，隨著反對派攻擊的日益激烈，神宗對王安石的信任度也不如以前高了。十月，有一顆彗星出現在東方，神宗下詔徵求直言得失，並詢問政事中不符合民眾利益的地方。當王安石上書勸解時，神宗卻說：「為什麼不能使冬天嚴寒，夏天暴雨這種怨恨消失呢？」氣得王安石稱病臥床，後經神宗勸勉，才肯上朝理事。一〇七六年六月，王安石的兒子王雱因呂惠卿等人的攻擊，生病死去。王安石再次出任宰相後，曾多次託病請求離職，到了兒子王雱死去，他更是悲傷不已，加

清白釉伏聽俑　宋

俑頭面半腴，頭戴平頂圓帽，帽的正面書一「王」字。眉清目秀，八字鬍鬚，身著長袍，曲腿下跪，全身匍伏，兩手相搭為枕，側耳傾聽，形象生動逼真。

王安石　中國名人探秘

101

行書新歲展慶慶帖
北宋 蘇軾

蘇軾像

上身體有病，他極力請求辭職。王安石想自己任相八年，夙夜操勞，不顧毀譽，力排天下異議和誹謗、改革弊政、新立法度，已初具規模。只要神宗在改革上方向不變，新法就不會廢。神宗明白，此次王安石求退之心不可回，再三挽留不住，一〇七六年十月，神宗同意他辭職，以帶使相兼判江寧府，讓王安石回金陵。一〇七九年又封他爲荊國公。這就是王安石第二次罷相。

王安石罷相後，宋神宗仍堅持進行了一些變法。選用的執政大臣，都是和王安石共事多年或制定新法的

人，基本上遵循王安石的改革方向。神宗於一〇八五年三月病逝，年僅三十八歲，其子十歲的趙煦即位，稱宋哲宗。

王安石退居金陵後，一直過著隱士般悠閒的生活。他在江寧府城門外築宅，離城七里，離蔣山亦七里，稱其家園爲「半山園」。人們常見他騎馬漫遊於各地湖山，藉山水、參禪來安度晚年，此間，他作了不少詩。

在金陵時，常有人來訪。其中王安石與蘇軾在金陵的交往，被傳爲佳話。

王安石長蘇軾十六歲，在青年時代，都以才學出眾而引人注目。歐陽修爲北宋文壇領袖，他最欣賞的兩個人就是蘇軾和王安石。王安石、蘇軾的文學成就均十分突出，均被譽爲「唐宋八大家」之一。在政見上，他倆都主張改革，蘇軾並非像司馬光那般

保守，只是在改革的步驟和方法上見解不一。如此兩個佼佼者，卻在熙豐變法中成了政敵。王安石執政時，蘇軾曾反對新法，屢遭黜降。然而兩人均無害人之心，蘇軾對新法並未一概否定。一〇七九年，蘇軾因「烏台詩案」下獄，王安石已不在京師，驚聞之下，立即在金陵設法營救。

一〇八〇年，蘇軾由黃州遷至汝州，途經金陵，多年沒有交往的蘇、王在金陵友好地相會了。在蘇軾逗留金陵期間，兩人進行了多次交談。他們在一起談詩、誦佛。他們在往來的書信和詩中，王安石破例與蘇軾談及了時事，諸如關於用兵西夏等。以下為王安石的〈北山〉詩：

北山輸綠漲橫陂，直塹回塘灩灩時。

細數落花因坐久，緩尋芳草得歸遲。

這是他與蘇軾一道遊北山後寫的詩中的一首。金陵相會，使蘇軾更加瞭解了王安石的為人，後來他逢人就稱讚：「不知幾百年，方有如此人物。」

一〇八四年，王安石生了一場重病，神宗派了御醫趕赴金陵診治。病癒後，他把半山園宅第施捨給寺廟，神宗賜額「報寧禪寺」。自己則在城中租屋居住。

哲宗即位，太后垂簾聽政，起用司馬光為相，保守派掌權並開始廢除新法，壞消息接踵而至，使王安石痛不欲生。一〇八六年四月，終年六十六歲的王安石在憤懣中去世。王安石死後被追封為「太傅」；紹聖年間，賜諡號為「文」，配享神宗的廟庭；徽宗時，又配享文宣王廟。而欽宗時，皇帝下詔停止他文宣王廟配享。高宗採納趙鼎、呂聰的意見，削去了其「舒王」的封號。

文會圖　明　仇英

牡丹紋瓶　北宋

蘇東坡

蘇東坡，即蘇軾，為北宋文學家、書畫家。他是唐宋八大家之一，與父蘇洵、弟蘇轍合稱「三蘇」，蘇東坡在政治上恪守傳統禮法，而又有改革弊政的抱負，故在仕途上多經坎坷。他性格豪邁，詩詞汪洋恣肆，清新豪健，開創豪放一派。他心胸坦蕩，在書法上雖取法古人，卻又能自創新意，用筆跌宕有致，充滿了天真爛漫的趣味。同時，他善繪畫，喜作枯木怪石。蘇東坡自稱平生有三不如人的事情，即喝酒、下棋及唱曲子，但他的詩文、書、畫卻名垂後世。

一、書香世家

蘇軾，字子瞻，又字和仲，自號東坡居士。眉州眉山人，生於北宋中期，即仁宗景祐三年十二月十九日。母程氏是大理寺丞程文應的女兒，書香門第出身，因從小耳濡目染，故品德、學識都相當好，蘇軾很幸運有這樣的母親，因此他能夠受到良好的家教。祖父蘇序等人對蘇軾的出世都感到欣喜不已，三年後其弟蘇轍也誕生了。如果依照蘇洵編纂的「蘇氏族譜」記載，蘇家的祖先最遠可以追溯到唐朝的著名文人蘇味道，然而真相難以確定，但可證實蘇軾的祖先可追溯到五代前的蘇釿。

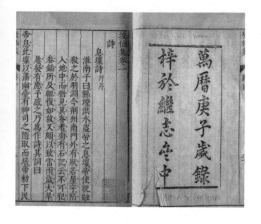

蘇軾的父親蘇洵志在科舉，然而他開始做學問的時間太晚了，大約是在蘇軾出生後的時期，他已經年過而立，結果是屢試不中，只能感歎自己懷才不遇，因此他對蘇軾、蘇轍兩兄弟的期望很大。

蘇軾出生後不久，蘇洵便到京都去遊學了，所以蘇軾一直到八歲都還沒有受過父親的言傳身教。蘇軾最早是接受母親的啓蒙，後來因爲母親程氏深信道教，便命他拜天慶觀道士張易簡爲老師，與鎮上的百餘名幼童一起學習。蘇軾和其後成爲當地小吏的陳太初經常受到私塾先生的褒獎。

當時中國官宦人家的子弟通常是聘請家庭教師在家傳授學業，蘇軾與鎮上的孩童並坐讀書的道觀私塾則是非常平凡的庶民教育場所。

在私塾裡就讀的孩童都是商人和農民子弟，蘇軾在私塾裡度過了童年，這培養了他的庶民性格，對他日後的爲官做人有很大的益處。

蘇軾在天慶觀的私塾裡讀了三年。在他十歲時，母親教他念《後漢書》，讀到〈范滂傳〉時，他的感慨很深，不自覺地就歎息起來，並對母親說：「做兒子的如果也能像范滂，母親高興不高興？」程氏回答說：「你如果眞的能像范滂一樣，我難道就不能同范滂的母親一樣感到光榮嗎？」由於蘇軾從小天資聰穎，因此他在母親的教導下進步的非常迅速。

瑞蓮亭（三蘇祠古亭之一）

科舉，蘇軾一舉進士及第。

此次科舉考試的知貢舉（監考官）是當時著名的文壇領袖歐陽修及梅堯臣，歐陽修一心提倡古文，以挽救當時文壇浮華不實的流弊，當他讀到蘇軾〈刑賞忠厚之至論〉的文章時，十分驚訝，以為是自己的學生曾鞏的作品，本來想取第一名的，考慮很久，為了避偏袒之嫌，終於取了第二名（後來原先應是第二的曾鞏，反倒成了第一），蘇軾的春秋對義則考了第一。

殿試（殿試通常由皇帝親自口試）時，蘇軾獻上二十五篇進策，很得仁宗皇帝的欣賞，於是將蘇軾評為翰林學士。歐陽修當時對人說：「吾當避此人，出一頭地。」意即「我要避開他，好讓他出人頭地」，可見歐陽修當時拔擢後進的愛心。後來，蘇軾及蘇轍均拜歐陽修為師。

二、名震京城

蘇軾在二十歲前一直在故鄉眉山專心學習。仁宗嘉祐元年（西元一○五六年），他同其弟蘇轍在父親的陪伴下初次離開眉山，並趕赴京城參加科舉考試。這一年順利地考上預備考試的兩兄弟，又一起參加第二年春季的

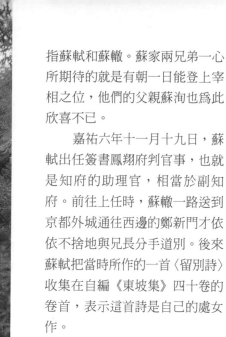

指蘇軾和蘇轍。蘇家兩兄弟一心所期待的就是有朝一日能登上宰相之位，他們的父親蘇洵也為此欣喜不已。

嘉祐六年十一月十九日，蘇軾出任簽書鳳翔府判官事，也就是知府的助理官，相當於副知府。前往上任時，蘇轍一路送到京都外城通往西邊的鄭新門才依依不捨地與兄長分手道別。後來蘇軾把當時所作的一首〈留別詩〉收集在自編《東坡集》四十卷的卷首，表示這首詩是自己的處女作。

他在鳳翔府判官任內的第二年春，由於很長時間不下雨，嚴重的旱災使百姓們生活困難。後來奉上級的命令到太白山上求雨。後來果然下雨了，於是就在扶風官舍的北邊築了一個亭子，名叫「喜雨亭」，他也有感而發的為這件事作了「喜雨亭記」，並以輕快的筆調抒發了久旱得雨的喜悅心情。

東坡在赴京考試以前，已經在家鄉結了婚。蘇軾母親程氏在嘉祐二年四月生病去世，嘉祐四年，喪期已滿，父子三人再度搭船循泯江、長江水路赴京都。

嘉祐六年，蘇軾、蘇轍二人在恩師歐陽修推薦下參加制科考試，這一年舉行的是賢良方正能直言極諫科的考試。蘇軾以三等、蘇轍以四等的成績分別考中入選。

制科的成績分為五等考核，在宋朝尚無以一、二等的成績考中之例，通常都以三等為最高分。相傳當時仁宗曾滿心喜悅地向皇后曹氏說道：「朕為子孫得兩宰相。」仁宗所說的兩人就是

鳳翔喜雨亭
位於陝西省鳳翔縣東門外，北宋嘉慶年間（一○六二年），蘇軾在此任職期間重疏東湖，並建亭閣。

三、反對變法

英宗繼位以後，韓琦做了山陵使，他表面上愛護蘇軾，其實有點妒忌他的才華，所以蘇軾辦事格外小心。爲了應付山陵的需要，他編了不少木筏、竹筏，想順渭水東下，可是水太淺，木筏便停滯住了，他非常著急，花了五個月的時間才設法運出。後來又碰上西夏入侵，邊境上的老百姓非常恐慌，他日夜奔波，供應軍糧民食，十分的辛苦。

除了疲於工作，蘇軾還得應付官場上的種種關係。由於之前所學的聖賢教誨與政治現實差距甚遠，作爲一位初任官職的熱血青年，他感到無比的憂慮。英宗治平二年（西元一〇六五年）冬，鳳翔的任期屆滿後，蘇軾迫不及待地奔回父親及弟弟居住的都城開封。不料，翌年他深愛的妻子死了（妻子王弗是本鄉貢進士的女兒，知書識禮，能詩能文，十六歲嫁給東坡，後來生下小兒子蘇邁，可惜紅顏薄命，二十七歲就死了），不到一年，父親也跟著去世，帶著沈重的心情，蘇軾乘船運送父親及妻子的靈柩回到了故鄉眉山。

熙寧元年，神宗即位，服滿了喪期的蘇軾離開故鄉。翌年，出任監官誥院（掌管官吏辭令書的官）。此時，政治上已有了新的局面，神宗爲挽救面臨困境的國家財政，任用王安

黑靴　北宋

白玉雙鳳紋梳背　五代

此梳是五代時期婦女的頭飾。玉為橫形，玉質為半透明的青白色，上邊為弧形，下邊寬平，平面兩側均飾展翅相戲的雙鳳，刻有三角形眼、陰琢身體各部位的羽毛，下部又長又扁，是鑲嵌金屬梳齒的部位。

粉彩東坡玩硯圖 瓷板畫 梁兒石

蘇東坡

石爲相，並推行其所提倡的新法。

蘇軾的政治思想較爲保守，他雖不滿當時的社會現狀，但也不完全支持王安石的改革思想，他認爲問題的關鍵不在於法治，而在於吏治，他希望能以較緩和的方式改革，若要變法，也應逐步進行，而非如王安石的變法那樣急於求利。所以他不斷上書神宗，呈奏〈議學校與貢舉劄子〉、〈諫買浙燈狀〉，後又上〈上皇帝書〉及〈萬言書〉，但都未被神宗接受。蘇軾因而成爲當時反對王安石等新法派中的舊法派的一員，在政治上受到了排擠，甚至還有人誣告蘇軾販賣私鹽。

熙寧四年（西元一〇七一年），年方三十六歲的蘇軾見變法大局已定，反對也沒有用，而且他也不願意陷入宗派鬥爭的漩渦中，便請調杭州，但心中不免有些難過和挫敗感。

杭州是個風景秀麗的地方，蘇軾在處理完公務後，便四處遊玩，以解煩憂。他在此地不但結識了許多知交，也作了不少的詩歌，如著名的〈飲湖上初晴後雨〉、〈六月二十七日於望湖樓醉書〉等。政治上的挫折反而促使東

109

赤壁圖卷 明 仇英

此畫取材於蘇軾的二賦一詞，即《前後赤壁賦》及〈念奴嬌‧赤壁懷古〉，成功地展現了蘇軾文中「縱一葦之所如，凌萬頃之茫然」的意境。作者以清雅恬淡的筆觸，盡繪東坡居士與友人煙波泛舟，啜茗雅聚的情景。

坡以詩人的身分體驗了更豐富的人生，從此開拓了一片更寬廣的文學領域。

熙寧七年（西元一○七四年），蘇軾自願調任密州，那兒離蘇轍任職的濟南很近。他在密州也作了許多膾炙人口的文學名作，如〈超然台記〉、〈水調歌頭‧中秋懷子由〉、〈江城子‧密州出獵〉等。

四、漂泊流離

蘇軾後來被調任到徐州、湖州。神宗元豐二年（西元一○七九年），在他轉任湖州的第三個月，有一天，突然闖進一位朝廷欽差，不容分說便把他捉拿進京。原來是一群和蘇軾有嫌隙的御史，為了討好王安石，便指稱他在詩文中歪曲事實，誹謗朝廷，並請皇上下令司法官員判他的罪。不久，蘇軾就被送入獄中，這就是著名的「烏台詩案」。

蘇軾在杭州作做通判時的確作了不少詩諷刺新法，譬如〈山村五絕〉的第四首「杖藜裡飯去匆匆，過眼青錢轉手空。贏得兒童語音好，一年強半在城中。」這首詩就是諷刺青苗法的執行不力，官吏強迫農民借錢，然後又在當地開設賭場、妓院，把錢撈回來的醜惡行徑。但這畢竟是詩，本不應構成罪狀，但是圍繞新法所進行的嚴肅政治鬥爭已演變成爭權奪利的宗派鬥爭，蘇軾的詩得罪了那些青雲直上的新貴，就難免獲罪。

對蘇軾的審問進行了一百多天，蘇軾的政敵李定等人，千方百計羅織罪名，妄圖把蘇軾置於死地，他們的卑鄙行為引起了很多人的不滿。

除了湖州、杭州等地的百姓請和尚念經為蘇軾祈福外，前太子少師（太子的老師）張方平、前吏部侍郎范鎮都替他上疏求情，於是情勢緩和下來。再加上神宗原本就喜愛蘇軾的文學，又有生病的曹太后為蘇軾說情，最後只定了蘇軾「譏諷政事」之罪。是年十二月二十八日，神宗皇帝判他流放黃州，蘇軾終於免於一死。

元豐三年（西元一○八○年），蘇軾被貶為黃州團練副使。剛到黃州，生活困難、沒有薪俸，連住的地方都成問題。後來，只好暫居定惠院裡，天天和僧人一起吃飯，一家大小靠僅剩的錢節儉過活。老友馬正卿實在看不過去，替他請得城東營防廢地數十畝，讓他耕種、造屋。

由於蘇軾親自在東坡開荒種地，所以便對這個曾經長滿荒草的地方產生了深厚的感情，他讚揚這東坡如同山石般坎坷堅硬的道路，要自己也必須不避艱險、樂觀地在人生坎坷的道路上前行。他把東坡看做是自己個性的象徵。辛苦一年後，蘇軾在東坡旁築了一間書齋，命其名為「東坡雪堂」，從此自號「東坡居士」。

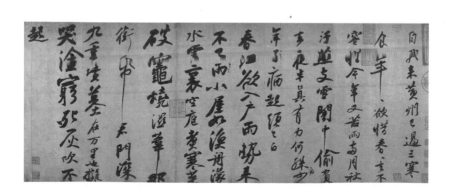

　　蘇軾在經過此次文字獄的衝擊後，胸中鬱積著無數要說的話，他雖然一直壓抑自己的激情，不想再寫詩惹禍，但創作的激情豈是能壓抑住的？他一面在詩中傾訴自己的冤屈與不平，一面又在張羅日常茶飯的生活中尋找淡泊自得的喜悅，以保持心理平衡。一有空，他就到處尋幽訪勝，悠閒度日。這段期間對蘇軾而言，是他文學創作的高峰。

　　原因有二：一、在這些年中，他刻苦讀書，因而在知識方面有了新的拓展。二、由於「烏台詩案」給他的打擊很大，從而他深深體會到自己在做人方面有些欠缺，因而寫了不少與修養有關的文章，如〈前赤壁賦〉，即在探討人生變與不變的道理。除〈前赤壁賦〉外，他還作了如〈念奴嬌‧赤壁懷古〉、〈後赤壁賦〉等作品，來闡發自己曠達的

蘇軾回翰林院圖卷｜明 張路

人生態度。此時的蘇軾，不僅在文學藝術的造詣上達到了巔峰，而且在做人的原則上也達到了極高的境界。蘇軾的文章汪洋恣肆，明白暢達，其詩清新豪健，善用誇張比喻，在藝術表現方面獨具風格。詞開豪放一派，對後代很有影響。擅長行書、楷書，取法李邕、徐浩、顏真卿、楊凝式而能自創新意，用筆豐腴跌宕，有天真爛漫之趣。

元豐七年，神宗下令蘇軾離開黃州，改授汝州團練副使。路過金陵時，遇到當年政敵王安石，兩人談得很投機，這時的東坡對王安石仍不客氣，親切地責備王安石不該連年在西方用兵，又在東南造成大刑獄，而違背了祖宗仁厚的作風。這個時候的王安石已經歷盡滄桑，胸襟也開闊多了，不但不見怪，反而對別人說：「真不曉得再過幾百年，才

東浦橋

蘇堤六橋之一。蘇軾元祐四年（一〇八九年）任杭州知府時，取西湖淤草築成長堤，橫貫西湖南北，情「蘇堤」。堤上有六橋，古樸美觀，是杭州十景之首。

能出現像東坡這樣的人物！」

五、政事艱難

　　元豐七年，蘇軾四十九歲時，宋神宗爲他恢復了名譽，任用他爲登州知事，僅十餘日，又受朝廷之召出任禮部郎中。蘇軾於此年臘月調回京都開封，任起居舍人──又稱右使，爲皇帝的近臣，負責記載皇帝的言行。

　　元豐八年（西元一○八五年）三月，大力推行新法的神宗在位十九年後崩逝，年僅十歲的哲宗即位，高太后垂簾，大力提拔舊派人物，東坡奉召還朝，太后命坐賜茶，又撤御前金蓮燭台送他回院。

　　由於太后廢除新法，政局的情勢開始逆轉，原爲政權中樞的新法派群臣被排斥。司馬光等昔日的重臣們又得以重新執政。後世史家稱之爲「元祐更化」，舊法派繼續當權執政。

　　第二年，蘇軾晉升爲中書舍人、翰林學士、知制誥，同時兼任侍讀。蘇軾進京不到一年的時間，就升了三次官，但此時的蘇軾已對當官沒有興趣。

　　入京以後，蘇軾發現實施了十幾年的新政，有一部分已經有相當的成果，司馬光上台後，卻不分青紅皂白地完全廢止，他有點不以爲然。

　　東坡本來也是反對新政的健將之一，但是他的言行和主張，是對事不對人的，現在他和王安石又有了進一步的交情，對新政也有了一定的瞭解，他的態度自然有所改變。他認爲新政中的「免役法」尤其出色，功在當代，利在千秋，力勸司馬光採用，司馬光堅決不肯。這樣一來，保守派的人便說他是王安石

的新法派了。可是新法派並不把他當作自己人，所以東坡便成為夾縫裡的人物，兩面都不討好。

　　這年九月，舊法派的領袖司馬光去世，使得舊法派四分五裂，陷入了醜陋的派閥之爭。集宋朝理學之大成的程頤領導的洛黨和蘇軾等人的蜀黨勢不兩立，朔黨夾雜其間，也糾纏不清，派閥之爭愈演愈烈，甚至涉及到對私事的誹謗。

　　元祐四年，蘇軾想離開這個是非之地，便請調轉任杭州知事，上任時，杭州人焚香列隊歡迎，不料蘇軾剛到任就遇到嚴重

的天災和病害。後來，他在此地修建了中國第一所公立醫院。

　　蘇軾在知事任內修築了與白居易的白堤齊名的西湖蘇堤。元祐六年又奉召出任翰林學士承旨，並兼任侍讀，但是遭到作風激進的朔黨的排斥，不到幾個月又被調任穎洲知事而離開朝廷，次年轉任揚州知事。

　　元祐七年（西元一〇九二年）九月，蘇軾又被召回朝廷，出任兵部尚書，十一月晉升為禮部尚書，這是蘇軾從政以來的最高職位。

六、詩人之死

　　蘇軾的職位越升越高，對立黨派對他的攻擊也愈演愈烈，甚至有人對其以前的文字獄（即烏台詩案）大作文章。鬱鬱寡歡的蘇軾請奏調任江南之地，但未獲批准。元祐八年九月，蘇軾出任定州知事。同月，高太后崩逝，「元祐更化」也隨之宣告結束。

　　元祐八年九月，十八歲的哲宗開始親政，重新推行其父神宗所主張的新法。政權又轉移到呂惠卿等新法派人士的手裡，於是又對舊法派展開了嚴酷的彈劾。

　　紹聖元年（西元一〇九四年）四月，五十九歲的蘇軾被指稱誹謗朝廷，因而被貶爲嶺外英州知事，六月，在轉任英州的途中又受命流放惠州。

　　在惠州的兩年中，蘇軾生活困窘，有時連釀酒的米也沒有，吃菜也得靠自己種。可是蘇軾這一輩子對磨難早就習慣了，他對這一切安之若素。他有兩句詩寫道：「爲報先生春睡足，道人輕打五更鐘。」即使身處遭人唾棄的嶺外之地，也不因此而喪志，仍舊悠然地過著清貧的生活。

　　不料京城朝廷的奸人仍不肯善罷甘休，再度以莫須有的罪名加害於他，這次蘇軾竟被放逐到有天涯海角之稱的儋州。

　　儋州在海南島，是一個人跡罕至、瘴癘叢生之地。而蘇轍當時則被貶在雷州，兩地間隔著海峽，兩人要分手時，蘇軾還打趣

了不少平民朋友，閒了就去串門子，跟野老飲酒聊天，還常常爲鄉鄰看病開方。蘇軾晚年流放海外的歲月很艱苦，但他仍然超然灑脫，並自得其樂。

元符三年（西元一一〇〇年）正月，哲宗崩逝，徽宗即位，大赦天下，皇太后向氏攝政，試圖促成新舊兩派的和解。五月，蘇軾被赦免了流放海外之罪，並被提舉爲成都玉局觀（有名無實的祠官）。在自惠州後七年的流放生活中，蘇軾一家死了九口人，雖然生活對他如此殘酷，垂暮之年的他依然樂觀開朗、富有朝氣。蘇軾六月渡過瓊州海峽返北，月夜在潯江邊時，他吟誦道：「我心本如此，月滿江不湍。」

百姓並沒有忘記這位大詩人。蘇軾北還，經過潤州、前往常州時，運河兩岸擁滿了成千上萬的百姓，他們隨船前行，爭著要看看這位久經磨難的大詩人的風采。然而，此時的蘇軾因旅途勞頓早已染病在身。建中靖國元年（西元一一〇一年）六月，蘇軾臥病常州，七月二十八日，蘇軾逝世，一代文豪就此殞落，死時六十六歲。

說：「莫嫌瓊雷隔雲海，聖恩尚許遙相望。」

到了儋州，蘇軾一貧如洗，爲了糊口，他連酒器都賣掉了。可是他沒忘了讀書，這一段時間他最愛讀柳宗元和陶淵明的詩。他還常常帶個大酒瓢，在田野裡邊唱邊走，作詩自娛。他還結交

岳飛

　　岳飛是中國歷史上傑出的軍事家，著名的南宋抗金將領。北宋滅亡，大片國土淪陷。具有高度民族氣節的岳飛立志精忠報國，收復失地。他率領的「岳家軍」英勇善戰，所到之處勢如破竹，重創金軍，收復許多失地。由於南宋統治者對金實行投降的賣國政策，主戰的岳飛以「莫須有」的罪名被殺害了。但是岳飛英勇抗金的事蹟，爲後人敬仰，並世代流傳。

一、岳母刺字

　　岳飛，字鵬舉，北宋徽宗崇寧二年（西元一一〇三年）二月十五日出生。他剛出生時，有一隻鯤鵬似的大鳥恰巧從他家的屋頂飛過，因此他的父親就爲他取名爲岳飛，字鵬舉，希望他有鯤鵬之志。

　　還未滿月時的岳飛就有一場不同尋常的遭遇。那時黃河在內黃縣決口，滾滾的洪水沖到了湯陰縣，附近地勢平坦的地方，很快就被大水淹沒了。岳飛的母親姚氏抱著岳飛不知如何是好，正好一口大甕向他們漂過來，姚氏急中生智，抱著小岳飛坐在大甕中，隨水漂流，好不容易才被救上岸來。人們認爲這個嬰兒大難不死，必有後福。

　　岳飛小時候家境貧寒，他很小的時候就幫家裡做些雜活，並到野地裡去打柴割草。岳飛

少年時性情深沈，不愛說話，但他非常好學，尤其喜歡讀《左氏春秋》、孫臏及吳起兵法之類的書籍。在長期的艱苦勞動中，岳飛受到了很好的鍛練。他意志堅強，身體結實，力氣很大。不到二十歲，岳飛就能拉動三百斤的強弓。在那個兵荒馬亂的年代，年輕人都願意抽空練習武藝，以便保家衛國。岳飛拜同鄉人周侗學習射箭，他虛心好學，學得了一手好箭法，並能夠左右開弓。岳飛又向陳廣學習槍法，他的槍法高超，全縣無人能敵。

當時王佐、朱孝等人經常聚集在一起，討論謀反之事，他們非常欣賞岳飛的才智和武功，便邀請岳飛一起起兵造反。岳飛舉棋不定，不知如何是好。岳飛的母親姚氏聽說這件事後，把他叫到跟前，對他說：「現在金兵南犯，大片國土淪陷，民不聊生，生靈塗炭。好男兒應當精忠報國，為國立功，為民除害，怎能趁國家危難之際，舉兵造反，與國、與民為敵呢？」

於是，岳飛下定決心參軍抗金，為國盡忠。為了勉勵岳飛，他的母親姚氏咬著牙根用繡花針在岳飛背部的止中間刺上了「精忠報國」四字。從此，這四個字深深地印在他的心裡，成為他英勇抗金的內在動力。

岳飛 中國名人探秘

青銅龍紋瓶
此為南宋時代青銅器精品之一，其製作帶有殷商古風，長頸、圓腹、雙耳、圈足。頸部帶有長條紋飾帶，通體青黑。

常出沒的地域，這些假扮的商人被俘虜後又被編入盜賊的隊伍，接著又派幾百名士兵埋伏在山下；自己則率領數十名騎兵到敵人營地挑戰。剛一交戰，岳飛假裝戰敗逃跑，盜賊緊追不捨。山下伏兵突然殺出，又有先前被俘去的士兵做內應，盜賊亂作一團，只好舉手投降，陶俊與賈進和被活捉。岳飛第一次就打了一場漂亮的伏擊戰。

不久，岳飛奉命討伐游寇吉倩。一天傍晚，岳飛安頓好部隊之後，只帶四名騎兵直闖吉倩的營房，說明來意，並勸吉倩投降。吉倩等人以為已被大軍包圍，驚慌失措。有人想偷襲岳飛，向他猛撲過來。岳飛眼明手快，順勢將那人打倒在地，並拔出劍來準備搏殺，其餘的人都被鎮住了。吉倩對岳飛心悅誠服，率眾三百八十人投降，岳飛因此被封為承信郎。

之後，岳飛率領鐵騎三百人前往李固

二、抗金英雄

宣和四年（西元一一二二年），趙構在相州擔任天下兵馬大元帥，奉命招募軍隊援救汴京。岳飛應募入伍，擔任下級軍官。從此，岳飛開始了他的軍旅生涯。

當時相州一帶盜賊猖獗，以陶俊、賈進和為首的盜賊團為害最甚。岳飛請求帶二百精兵消滅他們。他先派一部分士兵扮成商人進入盜賊經

堆塑蟠龍蓋瓶 南宋

此為龍泉窯出產的瓷瓶。蓋子口、蓋子面扁平，鈕做成伏虎形。瓶直口，長頸，溜肩鼓腹，下接圈足。下腹刻蓮花瓣紋。頸部堆塑一條蟠龍，龍身盤曲瓶頸，鱗鬣畢現，生動傳神。灰白色胎，底足露胎無釉，泛顯火石紅色。

渡誘敵，將金兵擊敗。後又跟隨劉浩解東京開封之圍，與金兵在滑州以南一帶展開拉鋸戰。

宋高宗即位後，岳飛擔任皇帝的侍衛。他希望新皇帝有所作為，便不顧自己職位低下，上書數千言，要求高宗率軍北伐，收復失地，不要聽信汪伯彥、黃潛善等人的求和論調。這一建議激怒了投降派，他們以越級上書的罪名，剝奪了岳飛的軍職。

岳飛投奔河北招討使張所，張所以國士之禮接待他，補為修武郎，任中軍統領。

張所早知道岳飛英勇神武，就問他：「你覺得自己可以對付多少敵人？」岳飛說：「作戰光靠勇敢是不行的，用兵需要有謀略，有謀略才能打勝仗。」接著，岳飛又向張所談起當前形勢，他認為只有收復黃河以北的失地，才能保衛汴京；黃河以南的險要之地一旦被敵人佔領，江、淮一帶也將受到嚴重的威脅。張所聽後大喜，立刻將岳飛補為武經郎，命令岳飛跟隨王彥渡河抗金。

到新鄉時，金兵人數眾多，王彥不敢再前進。岳飛單獨率領所屬部隊與金兵展開了激烈的戰鬥。岳飛奪取了金軍的大旗，並高高地揮舞著，士兵們一鼓作氣，猛打猛殺過去，終於攻下了新鄉。第二天，岳飛又同金軍大戰於侯兆川。岳飛自己受傷十多處，士兵們個個拚死作戰，又將金兵擊敗。隊伍乘勝挺進，一直

紹興通寶｜南宋

宗澤像

打到太行山下。

由於孤軍深入，糧食和軍用品供應不上，很難長期支援下去，加上二十五歲的岳飛剛強好勝不服從王彥的領導，王彥也不支援岳飛的戰鬥。岳飛自知與王彥有隔閡，轉戰到汴京，投奔到宗澤門下。

一一二八年的春天，岳飛奉宗澤的命令，帶兵渡河，接連同金軍打了幾仗，都獲得了勝利。夏天，雙方又在汜水關交戰，相持不下。岳飛眼看糧食快吃完了，不能再拖下去。他挑選三百名精兵，每人準備兩束柴草，交叉縛成十字形，埋伏在前山下面，到了半夜，那些伏兵點燃柴草的四端，大聲呼喊著向金營猛衝過去。金軍從睡夢中驚醒，以

為有大隊兵馬殺到，慌作一團。岳飛帶領精兵乘勢追殺，打了一次大勝仗。

為了保家衛國，當時各地人民紛紛組織起義，打擊金軍。八字軍、紅巾軍等義軍帶給金軍相當沈重的打擊，牽制了金軍的南下。

宗澤認為這是反攻的大好時機。他連續上書給宋高宗二十四次，要求宋高宗回到汴京，收復國土。但次次都被駁回，宗澤又氣又急，不幸去世，臨終還連喊三聲：「過河！」

接替宗澤守衛汴京的是儒弱愚昧的杜充。建炎三年（西元一一二九年）夏季，金軍由統帥兀朮帶領，大規模向南進攻。杜充

想棄開封逃往建康，岳飛勸阻，認為開封一旦失守，收復中原就很難了，杜充不聽，岳飛只得隨軍南歸。

一一三〇年四月，金兀朮率軍攻打建康，杜充叛變降金，只有岳飛一人率兵在廣德一帶抗擊金軍，岳軍戰無不勝。

岳飛在建康附近的牛頭山設下埋伏，趁夜黑風高時，命令百名士兵身穿黑衣偷偷混進金兵營寨，對其進行騷擾。金兵以為宋軍大部隊來攻，慌亂中竟自相殘殺。金兀朮駐軍龍灣，岳飛率領騎兵二百、步兵三千，大敗金兀朮，收復了建康。後來，岳飛又在楚州、承州等地幾次大敗金軍。

岳飛率領的軍隊被稱為「岳家軍」，威名遠揚。

岳飛治軍嚴謹，他告誡將士應勇敢、守法、廉潔。岳家軍的口號是「餓死不擄掠，凍死不拆屋」。將士擅自拿取百姓一縷麻者，立即處死。岳家軍平時軍事訓練極其嚴格，要求和戰時一樣，不許應付了事。岳飛對士兵十分愛護，將士生病時，他親自調藥；部將遠征時，就讓妻子慰問他們的家屬；將士戰死沙場，就替他們撫養子女。朝廷所賜之物，自己一點不留，全部分給將士，因此他深得將士們的愛戴。正因為

宋代攀城牆用的雲梯模型

建炎四年五月，岳家軍渡江北上。過江時，岳飛對隨從說：「我岳飛不收復六郡，絕不再過此江。」岳家軍首先向郢州發起進攻，消滅偽齊軍七千餘人。

隨州的敵軍負隅頑抗，久攻不下。岳飛派熟悉地形的牛皋前往增援，牛皋只帶了三天軍糧，便一舉攻下了隨州，殲敵五千餘人。

襄州偽齊守將李成是岳飛的手下敗將，其倉促應戰，排兵佈陣極不合理。岳飛看出了破綻，命令王貴帶領步兵攻打李成騎兵；牛皋率騎兵衝擊李成步兵。李成軍隊大敗，岳飛順利地收復襄州。

七月，岳飛帶領岳家軍接連攻下鄧州、唐州和信陽府等地。至此，偽齊的主力部隊完全被岳

如此，岳家軍才能成為一支戰無不勝的抗金力量。為了獎勵岳飛保衛南宋政權的功勞，宋高宗賜給岳飛一面軍旗，上面寫著皇帝親書的「精忠岳飛」四個大字。

為了籠絡人心，金朝統治者在河南、山東一帶建立了一個傀儡政權——偽齊。

一一三〇年，偽齊聯合金兵攻陷了鄧州、隨州、郢州、襄州等地。

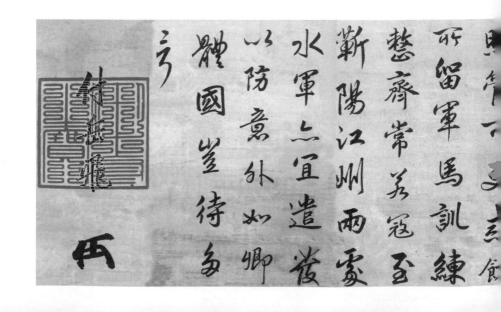

飛擊潰，偽齊佔領的六個州府也全被岳飛攻下。

岳飛本來可以乘勝北進，收復更多的失地。但宋高宗擔心這樣會引起金朝統治者的不滿，不准岳飛北進。岳飛被迫退駐鄂州。當時的岳飛壯志難酬，百感交集，他歎惜「靖康恥，猶未雪，臣子恨，何時滅」，表示願「駕長車踏破賀蘭山闕，壯志饑餐胡虜肉，笑談渴飲匈奴血，待從頭收拾舊山河，朝天闕」。一首氣壯山河的〈滿江紅〉由此作成。

岳飛從未忘記收復黃河中游失地的重任。他打算從他的駐地鄂州出發，北上進軍，直搗汴京，而南宋的其他軍隊從東北和西北兩翼出兵配合，合擊偽齊和金軍。

南宋紹興六年（西元一一三六年），太行山忠義社梁興等一百多人，仰慕岳飛忠義可信，率眾前來歸附，岳飛看到形勢對北上進軍有利，上書請求朝廷讓他北伐。

六月，岳飛帶領軍隊進駐襄州。大軍向西北進發，經過長途行軍，深入河南西部。岳飛的部將王貴、董先首先攻下了虢州。一個月以後，楊再興又攻下了長水縣。這次進攻，不僅重創金軍，而且焚毀和奪取了金軍大批的軍糧和物資，使敵人損失慘重。

但是由於南宋統治者既不派

其他軍隊配合出擊，也不接濟糧食和用品，那年冬季，岳飛在後無援兵、內乏給養的情況下，下令退軍。

以後的幾年，金宋議和，維持了幾年表面上的和平。

紹興十年（西元一一四〇年），金兀朮撕毀和約，向南宋發起了大規模的進攻。

宋高宗為保全他的統治地位和身家性命，命令岳飛出師中原。

岳家軍齊頭並進，不到一個月，先後收復了鄭州、中牟、西京等地，岳飛率軍進駐郾城。這樣，形成一個口袋形的戰線，從東、西、南三面包圍了汴京。

兀朮不甘心失敗，把主力集中在汴京附近，要與岳家軍決一死戰。

兀朮有一支特殊訓練的騎兵隊叫做「鐵浮圖」。這支騎兵隊以三騎為一小組，以繩索互相連在一起，人和馬都披上厚重的鎧甲，擔任正面衝鋒的作戰任務。另外，還有「拐子馬」作為騎兵隊的兩翼。這支騎兵隊共有一萬五千人，全由金人組成，戰無不勝。兀朮妄想以此來打垮岳家軍。

岳飛命令步卒拿著麻繩把刀或斧捆在長柄上，衝入敵人兵陣中，不用抬頭仰視，只管砍敵人的馬腿。拐子馬因用繩索互相連結，一馬倒下，其他兩匹馬便不能行動，兀朮的精銳騎兵受到了致命的打擊。

郾城戰役剛結束，岳飛就命令岳雲帶兵前往潁昌，支援那裡的守將王貴。果然不出所料，兀朮率十萬大軍撲向潁昌，王貴、岳雲率軍英勇殺敵，戰鬥異常激烈，岳雲所披戰袍被鮮血染紅，將士們都渾身血跡，卻越戰越勇，兀朮狼狽逃竄，退回開封。

岳飛大敗兀朮時，中原人民紛紛引車載糧、頂盆焚香迎接岳家軍的到來。金軍也承認：「撼山易，撼岳家軍難！」兀朮準備放棄開封，渡河北撤。

抗金形勢大好，收復中原指日可待。但主理朝政的宋高宗、秦檜等人一心想和金人求和，連忙命岳飛班師。一日之內連下十二道金牌，岳飛無奈，只有下令退兵。

岳飛班師後，前方收復的州郡又落入了金人之手。

三、鎮壓平民起義

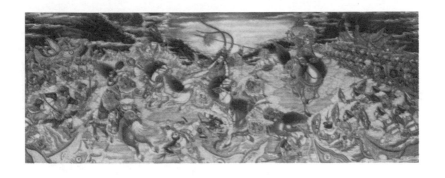

南宋時期，洞庭湖一帶的人民過著悲慘的生活。在那裡，金軍的鐵騎踐踏過，南宋的官兵搶掠過，叛亂武裝時常出沒，地主豪強橫行霸道。為了反抗侵略、騷擾、壓迫和剝削，那裡的人民紛紛起來反抗。其中，楊太、楊么等人領導的起義軍影響最大。南宋統治者視他們為眼中釘，決心剿滅他們。岳飛忠實地執行南宋朝廷的命令，將抗金的槍口轉向了起義軍。

岳飛到達洞庭湖後，觀察了周圍的形勢。他命令軍隊將起義軍的水寨包圍起來，切斷他們的物資來源和與外界的聯繫。他派遣使者來到楊么的水寨招降，起義軍中黃佐等叛變投降，岳飛派他們再回水寨去勸降，果然，大批人投降。

岳飛命令士兵砍伐大樹，編成木筏，塞住湖汊的出口；又用腐爛的草木堵住各處水源，在水淺的地方向楊么挑戰。由於水淺，又有亂草堵塞，起義軍的軍船行動不便，岳飛的軍隊乘機進攻。經過激烈的戰鬥，起義軍的水寨被逐個攻破，起義軍將領大多壯烈犧牲，表現了威武不屈的英雄氣概。岳飛招降了起義軍十多萬人，獲得船舶近千艘。起義軍中年輕力壯的人被編入岳家軍，提高了岳家軍的軍事實力。

作為封建統治階級的一員，岳飛忠實地效忠南宋，維護君主的地位。血腥鎮壓平民起義，是岳飛一生最大的污點。

四、屈死風波亭

秦檜，江寧人。北宋滅亡後，他和徽宗等人一起被金朝統治者擄到北方。這個沒有骨氣的小人用奉承討好的手段，巴結上了金朝的軍事統帥撻懶。建炎四年（西元一一三〇年）十月，他隨撻懶南下攻宋，撻懶放他回南宋，讓他做內應。

由於氣味相投，宋高宗十分賞識這個無恥的民族敗類，並讓他做了宰相。他不忘撻懶的囑咐，提出天下「南自南，北自北」的議和主張，並向撻懶呈上求和書。

對於秦檜的賣國行為，岳飛極力反對。他幾次上書說明議和並不可靠，痛罵奸臣誤國，因此，秦檜對岳飛恨之入骨。

岳飛的抗金活動敵不過背後的冷槍。他回到臨安後，陷入了秦檜設置的羅網之中。

紹興十一年（西元一一四一

年），秦檜請求宋高宗封韓世忠、張俊為樞密使，岳飛為樞密副使。樞密使雖為全國軍政的最高長官，但只有調兵的權力，不能直接統率軍隊。這樣，宋高宗在秦檜的幫助下，使用明升暗降的手法，順利地解除了韓世忠、張俊、岳飛等三位宣撫使的統兵權。這年的七月十六日，秦檜指使其黨羽右諫議大夫萬俟卨彈劾岳飛，誣陷他「志得意滿，日以頹惰」，散佈「山陽不可守」、「沮喪士氣」，並造謠說淮西之役岳飛抗旨不遵，欲置岳飛於死地。宋高宗對彈劾奏章予以贊同，岳飛被迫提請辭職。八月，高宗下詔免去岳飛樞密副使之職。

九月，秦檜與張俊密謀誣陷岳飛，並指使張俊誣告岳飛部將張憲謀反，先將張憲、岳雲關入大理寺獄。十月，岳飛也被騙入獄，秦檜命御史中

岳飛 中國名人探秘

猛火油櫃模型
北宋噴火兵器

丞何鑄、大理卿周三思審訊，岳飛裂衣示其背上所刺的「精忠報國」四字，以明心跡。

何鑄知道岳飛是無辜的，向朝廷力辯其無辜。秦檜又改命萬俟卨主審此案。秦檜及其黨羽捏造了許多罪名加到岳飛身上，他們嚴刑拷打岳飛，逼岳飛承認那些捏造的罪名。

任憑百般拷問，岳飛始終沒有屈服，最後只在供狀上寫下「天日昭昭！天日昭昭！」八個大字。在此期間，許多主持正義的官員紛紛為岳飛抱屈、鳴冤，但均遭到貶官甚至殺頭的下場。

十二月二十九日，高宗和秦檜竟然以「臨軍征討稽期」和「指斥乘輿」等莫須有的罪名將岳飛毒死，張憲、岳雲亦被斬首，岳飛死時年僅三十九歲。岳飛、張憲的家屬被分送廣南、福建路拘管。

青銅饕餮龍鳳紋尊形瓶及台架　南宋　通高四十一點八公分，口徑十九點六公分。尊為盛酒的器皿，此尊外飾龍、鳳等圖案，雕刻精細微妙，堪稱同類器物中的上品。

岳飛慘遭殺害後，天下百姓無不垂淚，甚至連三尺的孩童都切齒痛恨賣國賊秦檜。孝宗即位後，立即為岳飛平反昭雪，賜岳飛諡號武穆。到嘉靖四年（西元一二○四年），寧宗趙擴又追封岳飛為鄂王。

浙江杭州岳王廟　這裡原有岳飛的墓，後來增建了岳王廟，廟內大殿的壁上有「精忠報國」四個大字，是岳飛的母親對岳飛的教誨。

劉基

劉基是明初著名謀臣之一。他早年輔佐朱元璋東征西討，出謀劃策，參與機要，是明朝的開國元勳之一。他聰慧多智，審時度勢，被世人比作諸葛亮、魏徵。同時，他還是一個出色的文學家，著有《誠意伯文集》等。後來劉基遭人陷害，退出仕途，憂憤而死。

一、將相之才

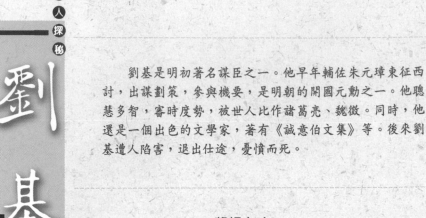

　　劉基，字伯溫，浙江青田人，祖上世代為官，家道殷實。曾祖父劉濠，官至南宋翰林掌書，位高祿厚，劉氏是當時方圓百里的名門望族。南宋滅亡後，劉氏家道中落，劉基的父親劉如晦只謀到一個遂昌縣教諭的差事。

　　劉基生於元武宗至大四年（西元一三一一年），自幼受父親薰陶教誨，酷愛讀書，聰穎過人，而且記憶力超群，對《春秋》等許多古籍都能倒背如流。

　　劉基涉獵很廣，天文地理、經史子集，無所不讀，尤其對天象學的研究頗深。

　　元順帝元統元年（西元一三三三年），劉基考中進士，年僅二十三歲。三年後，劉基被任命為江西高安縣丞，為官清正，上任後即以打擊北方豪強為己任，在當時很

受老百姓稱頌。著名的「水缸判案」故事，就是這時發生的。

相傳，賣燒餅油條的趙老漢辛辛苦苦攢下的幾十貫銅錢被偷了，趙老漢告到了縣衙。劉基帶領衙役來到作案現場，卻沒有發現任何破綻。劉基查訪四鄰，也一無所獲。劉基懷疑是老漢鄰居所為，但沒有證據。於是劉基設下一計，請君入甕。

劉基派衙役貼出告示，召集趙老漢周圍五百步以內的鄉鄰開會，商議周濟趙老漢之事，至於案子，先告一段落。等到眾人到齊時，劉基在院內放了一口水缸，讓大家投幣捐贈。趙老漢的鄰居李五，投幣時神色慌張，被劉基一眼發現。他仔細拷問李五，並派手下搜李五的家。

事情果如劉基所料，犯案者正是李五。

劉基由於斷案如神，被當地老百姓稱為「劉青天」。然而，在腐敗沒落的元末社會，劉基縱使有將相的才幹，也難於施展。

二、無處用武

元朝統治者在中原一直實行民族壓迫政策，將民眾劃為四等：第一等為蒙古人，第二等為色目人，第三等為漢人，第四等為南人，即原南宋王朝統治下的

漢人和其他民族。劉基即是南人的後代。由於出身卑下，他在官場上難免受到排擠和打壓。

至元五年（西元一三三九年），劉基在復審一起人命官司時，發現冤情重大，便推翻了原判決。這一行為引起了蒙古官僚的不滿，後者聯合當地蒙古劣紳誣告劉基「圖謀不軌」。劉基受到處罰，被降職調往行省擔任管理簿書文件的掾吏。次年，又因與上級意見分歧而被迫辭職。其後雖然當了一陣子江浙的行省考試官，又因為彈劾御史失職，遭致忌恨，只好再度辭職。

至正八年（西元一三四八年），元朝統治者為了鎮壓方國珍叛亂，再次起用劉基為江浙行省元帥府都事。當時形勢有利於元軍，方國珍兄弟見形勢不妙，請求朝廷招撫。對此，劉基極為反對，認為對方氏兄弟姑息縱容將後患無窮。方國珍十分害怕，暗中派人重金賄賂劉基，但劉基嚴辭拒絕。方國珍見收買劉基不成，轉而賄賂朝中重臣，這一招果然奏效，朝廷下了安撫令，而劉基反被扣上了有損朝廷仁義形象的罪名。隨後，朝廷又撤了他的公職，將其關押在紹興府達三年之久。

而此時被招撫的方國珍卻在暗中招兵買馬，偷偷發展自己的勢力，不久之後，再次揮師起義。江浙行省深知方國珍懼怕劉基，無奈之下只好再次任用他。劉基率領自己招募的「義兵」一舉擊敗了方國珍。因鎮壓叛亂有功，劉基被江浙行省提拔為樞密院判、行省郎中，但此舉卻遭到歧視漢人的朝廷的反對，最終只將他分配個總管府判的虛位。明升暗降，奪了他的兵權。

一心報效朝廷卻無用武之地的劉基，對元朝統治者已徹底絕望，於是棄官回家。

作為一個臣子，劉基當然不甘心自己的文韜武略被埋沒，然而生不逢時，元朝統治已岌岌可危，再為它效力可謂死路一條，飽讀經史、遭盡仕途艱辛的劉基索性採取靜觀其變的辦法。他一面訓練鄉兵，防備方國珍前來進犯，一面發憤著書，寫就《郁離子》二卷十八章，以明心志。

大明清類天文分野之書 明 劉基 這是一部關於天文、地理方面的著作，反映了劉基的博學多才。

三、著《郁離子》

在從「衛元」向「反元」的思想轉變過程中，劉基系統地整理了自己的思想，透過總結元末統治失敗的經驗教訓，闡述自己的治國方略：《郁離子》正是在這種情況下寫出來的。

《郁離子》書名的涵義，按照劉基弟子徐一夔的解釋，是文明盛世的治國方略，「郁離若何？離為火，文明之象，用之其文郁郁然，為盛世文明之治」。

《郁離子》共兩卷十八章，有一百九十五篇傳世之作。其內容從個人、家庭到社會；從政治、經濟到軍事、外交；從思想、倫理到神仙方術，五花八門，不一而足。這是一本以寓言故事為主的散文集。郁離子是作者假託的理想人物，劉基借郁離子之口來表達自己的政治主張。該書繼承了先秦諸子以寓言故事諷喻政事、闡發哲理的傳統，用洗練生動的語言講述涵義雋永的

劉基 中國名人探秘

133

題字瓷瓶 元

劉基
中國名人探秘

134

容膝齋圖 元 倪瓚 蒙古入主中原，推行民族歧視政策，宋末遺民沈淪下層，普遍都存在著一種強烈的失望感和壓抑感，淨是無奈，於是在墨氣淋漓的繪畫裡和逸氣縱橫的書法中抒發那時代的滄桑，這就造就了元代豐富怪異淒涼的書畫風格，在整個中國繪畫史上形成了渾遠高古的元畫時代。此圖為倪瓚最出名的繪畫之一。

三足禮器獸鼎 元

小故事，以此反映元末錯綜、尖銳的社會衝突，並為這些衝突一一設計出解決方案。劉基此後輔佐朱元璋創建明朝時所用的計策，都與《郁離子》闡述的思想一脈相承。

針對元末的社會動亂，劉基認真分析了其根源，認為統治階級的暴政是導致四方動亂的罪魁禍首。因此，他在〈井田可復〉裡提出「以大德戡大亂」，認為應該施行德政才能治民於亂世。養民之道在於實行仁政，苛政重賦只會逼迫百姓鋌而走險。此外，他還提出了一個富有民本主義色彩的建議，即恢復井田制，使人民能過著溫飽富足的生活。

劉基雖然主張寬以待民，但對犯上作亂者絕不寬容。他認為恩威並重是相輔相成、缺一不可的，若一味寬縱就是讓壞人心存僥倖，等於教唆人犯罪，宋、元就是因為寬縱而失天下，因而劉基堅決反對向反叛者招安。

劉基對人才的使用也極為重視，在《郁離子》的很多篇章中都提出了具體的建議，如他在〈使貪〉中提出用人之長；在〈姑蘇圍〉中提出要守信於民等等。

劉基的這些主張都是針對元末時弊有感而發的，頗能切中要害。後人對此書的評價很高，將它視為一本包治百病的萬寶書，認為從中不僅能審察古今的成敗得失，還能推測人世的吉凶禍福。

以今日的眼光來看，《郁離子》仍不失爲一部文采斐然，處處閃爍著真知灼見的好書，其中的著名散文〈賣柑者言〉，揭露了那些「金玉其外，敗絮其中」的華而不實的人，歷來爲人們所傳誦。

四、知遇明主

劉基審時度勢，認爲在元末起義的各路英雄中，有雄才大略、能成就大業的只有朱元璋一人。

早在劉基第一次辭職時，他就有此看法。至正十六年（西元一三五六年），朱元璋攻下南京，劉基更認爲朱元璋霸業可成。但那時他還是元朝的臣子，雖然有心嚮往，但又不想落草爲寇。

至正十八年（西元一三五八年），朱元璋攻下婺州。第二年，朱元璋設中書浙東行省，把勢力範圍擴張到劉基老家。當時，劉基與其他一些地方豪族躲到了深山之中。

朱元璋早知劉伯溫謀略過人，有意請他出山，於是派劉基的舊

龍泉窯青釉露胎貼花盤　元

此盤折沿爲菊瓣形，淺腹平底，形制精巧。通體釉色青翠碧綠，釉面滋潤勻厚。器內露胎紋樣貼花而成，內底中心爲一朵菊紋，四周飾成對稱佈局的鳳紋與雲紋，圖案微凸於器表，具有淺浮雕的裝飾效果。

友孫炎出面，劉基還是猶豫不決。孫炎便以寶劍爲題，寫了一首長詩送與劉基，反覆申明利害。早已歸順朱元璋的好友陶安、宋濂也都寫信贈詩劉基，告訴他朱元璋的雄才大略，勸他出山輔佐新主。劉基的老母目睹此情此景，也勸他棄暗投明。劉基也深感此時出山，時機成熟，於是在至正二十年（西元一三六〇年），五十歲的劉基離開青田，去應天輔佐朱元璋。

關於朱元璋請劉基出山的事，民間有不少傳說，但大都仿效劉備三顧茅廬的套路，朱元璋當然得親自出馬。這些故事雖然屬於虛構，但在民間流傳很廣。這一方面說明朱元璋得到劉基確實不易，另一方面也說明幾請之

宋濂像

後才肯出山的劉基也的確有分析、考驗、進一步瞭解朱元璋的用意。

五、決勝千里

劉基到了應天，一見到朱元璋就呈上了自己所作的〈時務十八策〉，詳盡地分析了內外形勢，探討滅元建國的方針大計。朱元璋認真聽取了劉基的建議，並將劉基待爲上賓，留在自己的臥室，商討機密大事。朱元璋自從得了劉伯溫，如虎添翼，軍事方面節節勝利。

一開始，朱元璋受到陳友諒和張士誠的左右包圍，論財力比不過張士誠，論兵力敵不過陳友諒。而陳友諒又在朱元璋上游，襲擊朱可謂易如反掌。朱元璋受到兩方威脅，焦慮萬分。

劉基分析形勢，建議不可兩方出擊。張士誠鼠目寸光，不足爲懼，惟有陳友諒兵強馬壯，勢力大，他才是眞正的敵人，應該集中兵力除掉陳友諒。劉基的這番建議鞭辟入裡，避免了朱元璋兩線作戰、腹背受敵的危險。朱元璋採用了劉基的計策，大獲全勝。

兩年後，陳友諒再度進犯，來勢洶洶。朱元璋手下的大臣有的主張投降，有的主張逃跑，惟有劉基一言不發。朱元璋認爲他必有別的打算，將他召入帳內。劉基建議朱元璋斬主降和主逃的人，以振軍心。敵人現在士氣雖旺，但驕兵必敗，不足爲懼。朱元璋採納了劉基的建議，採用誘敵深入、中途伏擊的辦法，一舉

獲勝，二敗陳友諒。

　　至正二十一年（西元一三六一年），朱元璋攻下江州，附近的龍興將領胡廷瑞要求投誠，不過仍要求統率自己的部下。朱元璋對此不知所措，一時難以答應。劉基急中生智，從後面踢了一下朱元璋的椅子。

　　朱元璋恍然大悟，答應了胡廷瑞的請求。結果胡廷瑞投降後，其他的漢將也都跟著投降了，江西幾個郡就這麼輕而易舉地被攻下。

　　劉基常常能料事如神。張士誠進犯建德時，守將李文忠打算奮力迎擊。劉基勸阻了他，告之敵兵三天以後一定撤退。等他們退後，再行追擊，就能全殲他們。李文忠根據他的判斷，按兵不動。三天以後，劉基登上城頭，看看遠處說：「賊兵撤退了！」大家抬頭一看，張士誠的兵營還戒備森嚴，

招絲琺瑯纏枝蓮紋三足爐　元

制誥之寶　明
這是皇帝頒佈詔令所用之印。

明刻本《大明律》

鼓聲陣陣，旌旗飄飄，不像撤退
的樣子，所以不敢進軍。劉基拚
命催促，等部隊趕到一看，才發
現是一座空營，剩下的都是老弱
殘兵。於是劉基派兵追擊，大獲
全勝。

　　劉基不僅計謀出眾，而且眼
明手快，多次救了朱元璋的命。
有一次，朱元璋與陳友諒在鄱陽
湖展開血戰。陳友諒看見朱元璋
親自督戰，打算派人炮轟朱元璋
的艦船，把他炸死。多虧劉基心

明眼亮，催促朱元璋趕快換艦。
朱元璋剛一離開，那艘艦就被炸
得粉碎。陳友諒自以為朱元璋必
死無疑。誰想到，朱元璋又突然
從別的船艦裡了冒出來，並指揮
軍隊大舉反擊。陳友諒的軍隊大
驚失色，陣腳大亂。幾天後，雙
方在湖口交戰，陳友諒寡不敵
眾，無奈之中倉皇逃竄，途中被
亂箭射死。

　　陳友諒一死，武昌隨即歸
降。以後朱元璋打敗張士誠，北
伐中原，成就大業，都是遵照劉
基的戰略構思。

六、治世能臣

　　朱元璋當上皇帝，建立了大
明朝，其中劉基的功勞不可不
提。而明朝建立後，劉基更為國
家的事業殫精竭慮，嘔心瀝血，
做出了卓越貢獻。

　　劉基是一個聰明不過的人，

《御制大誥》書衣　明

為維護大明的統治，在頒佈《大明律》的同時，朱元璋又採集犯律令的事例，按類收編，這就是《御制大誥》。他要求全國教育機構都要教習，並做到家喻戶曉。

善於利用皇帝和百姓的迷信心理製造輿論，推行自己的政治主張。

相傳，有一年全國大旱，眼看就要陷入饑荒。劉基向皇上建議處理冤獄，皇上命劉基主持平反活動。皇上的命令剛下達，天就下起了大雨。劉基趕忙進言說，這是老天對法制嚴明的獎賞，於是建議朱元璋制定法律，制止濫殺無辜。朱元璋聽了他的建議，很快就頒佈了律令，這就是《大明律》。

有一次，朱元璋做了一個夢，夢見一個人頭上冒血，那人就拿土往上抹，想止住血。朱元璋就想，這是老天讓我開殺戒，於是想殺一批犯人。這種想法與劉基的「寬民」思想相悖，於是劉基故意幫皇上解夢，指出頭上有血，是人多的意思，往上抹去，是皇上即將有眾人來歸附，又能得到土地，不信，就過三天再說。朱元璋因此停刑三天，不久就傳來海寧歸順的捷報。朱元璋非常高興，讓劉基把囚犯都放還了。

這時的朱元璋對劉基最為信任，可以說言聽計從。劉基就趁熱打鐵，又建議朱元璋根據古時候的軍屯法和府兵制，創立軍衛法，即在全國各地設立衛所，常駐軍隊。士卒平時屯墾，有戰事的時候就從軍。他們的編制由朝廷統一管理，這樣既能減輕老百姓的負擔，安定地方，又能增加兵源，集中兵權。後來證明，軍衛法的

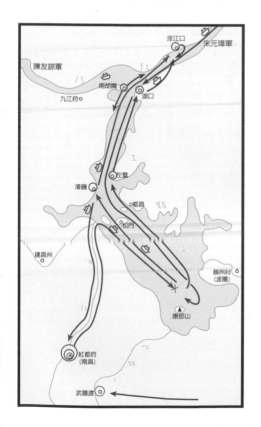

陳友諒軍
湮江口
朱元璋軍
九江府
南胡嘴
湖口
左蠡
渚磯
都昌
松門
建昌州
饒州村（波陽）
康郎山
紅都府（南昌）
武陽渡

鄱陽湖大戰示意圖

鄱陽湖大戰是朱元璋和陳友諒的主力部隊的大決戰，此戰的勝利奠定了消滅陳友諒的基礎。

確在朱元璋統一疆域、鞏固政權的過程中發揮了很大的作用。

劉基雖然功高望重，但卻不貪高官，朱元璋幾次讓他當丞相，他都推辭不肯接受，說自己是小材，不能大用。然而對當朝丞相，劉基又能不卑不亢，如果有錯，劉基就與他分庭抗禮，這使得丞相李善長非常不高興，幾次想陷害劉基。但是當別人誣陷李善長時，劉基卻反過來在朱元璋面前說他好話，為他辯護，可見劉基心胸之寬廣。

在用人方面，劉基向來眼光犀利，能夠知人善任。李善長被罷免丞相後，朱元璋想任用楊憲。楊憲與劉基關係一直不錯，劉基卻不同意，認為楊憲雖然有才華，卻沒有度量。做丞相的人，應該凡事主持公正，一碗水端平，不摻雜個人因素，而楊憲不是這樣。後來楊憲當了丞相，果然因為偏袒和自己關係好的人而犯了大錯。

劉基因為做人太講原則，得罪了不少人。一次，李善長的好友李彬因為貪污，被劉基上報。李善長請求劉基拖延一段時間再說，劉基不徇情面，馬上上報。皇上派人在李彬祈雨的時候就把他殺了。李善長從此和劉基絕交，認為他太不近人情。有一回，劉基在盛夏祈雨時在祭壇下殺了人，李善長馬上把此事向皇上彙報，說這是大不敬，其他怨恨劉基的人也都跑來向皇上訴苦，誣告劉基。

而此時，朱元璋按劉基的建

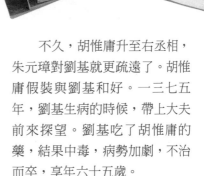

議辦了一件事卻沒有辦好，正心存不滿，加上劉基的老妻剛死，劉基一再請求告老回鄉，朱元璋一氣之下就放他走了。

劉基性格耿直，剛正不阿，因為不近人情得罪了不少權貴，加上洪武元年，他放著丞相的高官不做，使生性多疑的朱元璋有些不滿，而那些怨恨他的小人正好落井下石。

劉基曾上書給朱元璋，說福建北面有一個叫談洋的空地，走私的鹽販和海盜都窩集在那兒，方國珍也是從那兒起兵的，應該設立巡檢司加以鎮壓。碰巧當地發生了逃軍叛亂，地方官吏害怕上司責罰，沒敢上報。劉基就讓兒子劉璉向皇上稟奏了這件事，但奏章沒向中書省彙報。當時的左丞相胡惟庸認為劉基目中無人，對此很不滿，加上劉基以前曾在皇上面前批評過他，他就想陷害劉基。於是胡惟庸和地方官吏勾結，讓他們上書誣告劉基，說談洋這塊地有王者之氣，劉基想把墓地建在這裡，因為當地百姓不同意，劉基就請求設立巡檢司驅逐他們。朱元璋是個迷信入骨的人，聽完後對這些話念念不忘，於是削奪了劉基的俸祿。

不久，胡惟庸升至右丞相，朱元璋對劉基就更疏遠了。胡惟庸假裝與劉基和好。一三七五年，劉基生病的時候，帶上大夫前來探望。劉基吃了胡惟庸的藥，結果中毒，病勢加劇，不治而卒，享年六十五歲。

劉基死前告訴兒子劉璟：「治理國家，要有張有弛，德政與嚴政交替實行，如今我們國家應該施行德政、減輕刑罰，才能保住和享有萬代基業。各個地方的險要地段應該和京城的軍隊有聯絡。我想做個遺表，但胡惟庸當權，皇上是不會採納的。等胡惟庸敗落後，皇上一定又想起我了，如果他問起什麼，就把這些告訴他。」

劉基死後不久，胡惟庸就犯了案。朱元璋追悔莫及，於是頒佈詔令，讓劉基子子孫孫襲封誠意伯的爵祿。

魏忠賢

明朝末年，文盲無賴魏忠賢爲了能發蹟而自施宮刑，後來竟一躍而成爲主宰明朝前途命運的鐵腕巨奸。他殘殺大臣，屢興冤獄，眾佞臣拜倒在他腳下，競相迎奉；他明明還活著，而生祠卻遍佈海內，他的黨徒焚香進燭，叩首禮拜，上演了一幕幕人間鬧劇。

一、獨攬朝政

魏忠賢原名進忠，號完吾，河北肅寧人，明朝天啓二年，由熹宗朱由校賜名，才改叫魏忠賢。他的父親魏志敏，務農，過著貧寒的生活。魏忠賢十幾歲的時候，父母讓他成了家。妻子馮氏，涿州人，生有一個女兒。魏忠賢從小不務正業，是當地有名的市井無賴，終日遊手好閒，吃喝嫖賭。父親死後，他賭博輸盡了家產，被迫遠走他鄉。

由於沒有其他出路，魏忠賢爲了能發蹟，淨身入宮當了太監，當時他才二十二歲。爲了出人頭地，他費盡心機，巴結上司禮監太監王安、太子朱常洛及其子朱由校的近侍魏朝，並和魏朝結爲兄弟。靠著把兄弟魏朝的幫忙和太監王安的賞識，幾年後他便成了朱由校母親王才人的辦膳太監。

光宗朱常洛於一六二〇年接替神宗當了皇帝，但他只當了一個月就病死了，遺命他生前寵愛選侍李氏照料皇長子朱由

校。李選侍恃寵驕妒，不許朱由校與其他人交談，逐漸就控制了他。朱由校即位時只有十六歲，也就是明熹宗。李選侍想繼續控制朱由校，就讓他留居乾清宮。御史左光斗、給事中楊漣及閣臣劉一燝等倡言移宮，幾經爭執，李氏被迫移居仁壽殿。本來熹宗皇帝自小由李選侍撫養，對她有依戀之情。但這種關係被官僚們強迫中止，他只好把感情移向其他人，其中他最信賴的就是從小把他帶大的乳母客氏。

客氏原名客印月，是直隸保定府定興縣民侯二的妻子，二十八歲時被選進宮成爲朱由校的乳母。兩年後她的丈夫死了，饑不擇食的客氏便與魏朝對食。

其實，「對食」的說法最早見於漢代，當時是指女子同性戀。唐代時，男子同性戀也稱「對食」。到了明代，相好的太監宮女，往往一處吃飯，因而特指宦官與宮女相愛。宦官雖然失掉了性器官，但仍有男人的性意識和相應的性要求；宮女久居深宮，見不著正常男人，也几有找宦官解饞止渴。

與客氏交接是魏忠賢的一大機遇。客氏見魏忠賢身體健壯，儀表堂堂，便不再與魏朝相好，轉而移情於魏忠賢。魏朝與魏忠賢經常爲了爭客氏而互相爭鬥，

長隨奉御出入宮禁牙牌

明

有一次甚至還驚動了熹宗。熹宗問客氏看中了誰，由他作主安排，客氏選擇了魏忠賢。後來，魏忠賢爲了獨佔客氏，認爲魏朝終是禍患，便假傳聖旨，把魏朝發配到鳳陽皇陵，半路上派親信在河北獻縣勒死了他。

由於客氏的影響，魏忠賢成了明王朝惟一的文盲司禮秉筆太監。在明朝太監中，最關鍵的部門就是內承天子、外接朝臣內閣的司禮監。在其中主持的司禮秉筆太監，其職責是撰寫詔書或駁正「要擬」，實際上是皇帝的秘書長，可以代天子向閣臣乃致天下臣民發號施令。魏忠賢得到這個職位後，頓時位高權重。

王安是宮中的三朝元老，曾經對魏忠賢有恩，提拔過他，但現在卻成了魏忠賢獨攬大權最大的障礙。在當年光宗猝死、熹宗地位未固之時，王安與朝臣聯手，幫助年幼的熹宗登基。因此，王安在皇帝、宮裡太監和朝臣眼中都是一個有功德的人，熹

魏忠賢 中國名人探秘

143

宗有意提拔王安為掌印太監。掌印太監掌管著司禮監，位在秉筆太監之上，即位在魏忠賢之上。王安不是魏忠賢和客氏可以左右的人物。平時魏忠賢見了這位天子身邊的紅人和恩公，言語恭順，一見面就撩衣跪下叩頭問安，非呼不應，非問不答，王安對魏忠賢也不虞有他。

天啓元年，熹宗命王安為司禮監掌印太監，王安依照慣例謙辭推讓，想說等皇帝再次下令催促即接受上任。魏忠賢就怕王安這樣的人位居己上，便和客氏勾結，竟說服熹宗准了王安的辭謝。但王安畢竟有功於皇帝，又對魏忠賢有恩，他還不忍心致王安於死地。但客氏比魏忠賢心毒，百般教唆，認為不能留下後患。於是魏忠賢便假傳聖旨將王安削職充軍，然後又借刀殺人，把他交到王安的仇人劉朝手中。劉朝怨恨王安，因此對他百般刁難折磨。他不給王安食物，想將他餓死解恨，誰知王安拾取草籽充饑未死。魏忠賢聞知大怒，遂放惡狗活活咬死了王安。大患已除，魏忠賢鬆了一口氣。

客氏像

御景亭 明
御花園在紫禁城内，面積較小，其建築以亭閣為主，一見到豐亭園景色的目的。此亭建在隊秀山上，每年重陽節皇帝、皇后在此登高賞景。

之後，王體乾被任命為掌印太監。此人乖巧恭順，主動將自己置於魏忠賢下屬的地位，對客、魏二人言聽計從，一意附合。這樣，在太監之中，無人能與魏忠賢較一短長了。

為了在宮內樹立威信，魏忠賢又將毒手伸向熹宗的嬪妃。天啓三年五月，熹宗冊封張氏為裕妃。當裕妃懷孕的時候，熹宗特地為她舉行了鋪宮禮以示慶賀。心毒手辣的客氏與魏忠賢將性情剛烈的裕妃視為眼中釘。他們假傳聖旨，將裕妃身邊的宮女隨從

全部趕走，將身懷龍種的裕妃幽禁別宮之中，飲水和食物全都斷絕。裕妃又餓又渴，在一個下雨天，她爬出屋子，匍匐在地上，仰面飲用屋簷滴下的雨水。她不久就悲慘死去，胎兒也就此夭折。

依庸堂

二、殘殺忠臣

在明朝中後期，朝廷中有一股巨大的勢力，叫做「東林黨」。萬曆年間，顧憲成被罷了官後，在無錫東林書院講學，一些不滿朝政、有意整頓朝綱的正直官員紛紛彙集在東林書院，他們「風聲、雨聲、讀書聲，聲聲入耳；家事、國事、天下事，事事關心」，針砭時弊，評論朝政，其中的著名人物有高攀龍、錢一本等。

當初熹宗正是在東林黨人的努力鬥爭下才得以登基的，東林黨人因此把持朝政，開始整治朝綱，將很多腐敗官員罷免。他們罷免的這些人便紛紛投靠魏忠賢。魏忠賢把東林黨人看成是阻止他實現野心的重要障礙。

明朝不設宰相，內閣是皇帝的辦事機構，實有宰相之權。首輔大學士葉向高、大學士劉一燝及周嘉謨、張向達、趙南星等正直的朝臣是魏忠賢控制內閣、進而奪取大權首先要除掉的人。

天啓四年，魏忠賢在宮內已基礎牢固，開始向外廷出擊。這一年的春天，錦衣衛逮捕了內閣中書汪文言，雖然後來汪文言被釋放，但這是一個信號，魏忠賢要向朝臣開刀了。

六月，素以剛直敢諫著名的左副都御史楊漣上疏參劾，列舉魏忠賢二十四條大罪，並請求驅

東林書院舊跡　明末東林書院是東林黨的根據地。書院與官學是兩種迥然不同的教育模式，書院進行私人講學的地方，學術風氣濃厚，在當時成為各種文化思潮的中心。明朝中後期，在官方的支持下，書院更加興盛，成為半官方性質的學術機構。官官專政時期，書院成為抨擊時政、評論賢愚的輿論場所，遭到了魏忠賢等人的打擊摧殘。

146

逐客氏出宮。王體乾將楊漣的奏章讀給魏忠賢聽，魏忠賢聽了後確實有些膽戰心驚。然而，當王體乾將楊漣的奏摺讀給正玩得不可開交的熹宗聽時，由於客氏和魏忠賢早有安排，王體乾念的時候自然知道區分輕重，熹宗在這種情況下自然也就下旨嚴責楊漣。不久，楊漣和東林黨另一重要成員左光斗一起被罷了官。同年秋天，處在客氏和魏忠賢包圍中的熹宗下旨將東林黨人高攀龍、趙南星、袁化中等罷官削

籍，葉向高也被逼辭去首輔之職。魏忠賢將自己的黨羽塞進內閣和六部等關鍵地方，控制了外廷。

但是，魏忠賢並不以將東林黨人擊敗為目的，他利用手中掌握的權力，開始對東林黨人展開屠殺。天啓五年，多次被拷打的汪文言再次被押解進京拷問。閹黨嚴刑逼供，企圖讓汪文言誣告楊漣、左光斗等受賄。汪文言堅決不肯，錦衣衛指揮使許顯純竟將汪文言活活打死。汪文言臨死前大叫：「天啊，哪有受賄的楊大洪啊！（楊漣字大洪）。」許顯純又捏造口供，將楊漣、周朝瑞、左光斗、魏大中、顧大章、袁化中等人關在錦衣衛大獄中。當時任首輔的顧秉謙稟承魏忠賢旨意，以內閣名義代熹宗擬旨，命令對楊漣等六人

「東林舊址」石牌坊 明

東林書院位於江蘇無錫，萬曆三十二年（一六○四年），被革職遭鄉的顧憲成與高攀龍等人獲得地方官員支持，於宋朝楊時講學遺址上創建東林書院。天啓六年（一六二六年）書院被閹黨強行拆毀。思宗即位後，東林之獄得到平反，思宗下詔復建。

五日一「追比」，即每五天用一次大刑追逼賄銀。實際上，魏忠賢的鷹犬許顯純等在兩個月之內，已經對他們用了二十四回大刑逼供，每次施刑間隔只有兩三天。最後六人都慘死在魏忠賢的酷刑之下。

天啓六年，魏忠賢又興起第二次大獄，將東林黨人周起元、周順昌、高攀龍、繆昌期、周宗建、李應升、黃尊素七人逮捕入獄。除高攀龍在家投水自盡外（他的兒子仍被魏忠賢抓入獄中），其餘六人也都在受盡酷刑後被許顯純等殺害。除了這兩次大冤獄之外，其他官員被閹黨殺害、整治的不勝枚舉。

此外，爲了打擊反抗和不肯依附他們的官員，魏忠賢的黨羽們還編列了黑名單，將不肯同流合污的官員指爲東林黨，列在黑名單上。崔呈秀編了本《同志錄》，王紹徽編了本《東林點將錄》，阮大鋮編了《百官圖》。

在《東林點將錄》中，閹黨以《水滸傳》一百〇八將加上晁蓋共一百〇九人的綽號，加在一百〇九個正直的官員頭上，包括許多東林黨的領袖人物如：托塔天王李三才、及時雨葉向高、大刀楊漣、智多星繆昌期、青面獸左光斗、金眼彪魏大中……等等，攻擊他們聚衆意圖謀反。當時開列黑名單已成爲一大風氣，東廠、西廠、魏忠賢都照單抓

魏大中絕命書　明魏大中所書，官至刑科給事中，爲官清正廉耿，是東林黨重要臣員之一。萬曆進士，受魏忠賢誣枉，慘死獄中。魏大中被捕後知無再生可能，遂寫下這份絕命書，書中囑自己沒有辜負國家，但毀了自己的家，上對不起兒女，望子女「一概安心守窮」，「安貧、讀書、識德」。

南京皇城校尉銅牌 明
皇城內多為政府機構和皇家御園，武二年，設立親軍都尉府，統領中、左、右、前、後五衛，專事對皇城的保衛。洪武十五年，建錦衣衛，設南北鎮撫十四司，其編制將軍、力士、校尉，專門為皇帝護駕，並巡察緝捕，是御林軍。校尉是御林軍的低級軍官，負責皇城安全，檢驗出入皇城人員的證件，若有失查，從重治罪。此銅牌為值夜班的軍事佩帶。

人，並把他們弄死。

魏忠賢並不可怕，可怕的是從外到內、從內廷到朝臣、從中央到地方省府州縣大大小小的文武官員，這些人一起替魏忠賢出謀劃策，充當鷹爪打手。魏忠賢正是有了這些爪牙黨羽，才有可能將堂堂的朝廷上下搞得烏煙瘴氣。

衆人之所以敢作威作福，主要是因為熹宗相當昏庸。熹宗整天不理朝政，喜歡做木工活，好製造各種稀奇古怪、匪夷所思的器物。

魏忠賢指使王體乾故意在皇帝揮汗如雨、操斧持鋸忙得不可開交時向熹宗請示報告，這個不務正業、玩得正起勁的皇帝把手一擺，說：「我知道了，你們好好地幹就是了。」有了皇帝的放任，加上從內閣到六部等官員的逢迎諂媚，魏忠賢一介流氓加文盲，簡直將明朝江山翻了個底朝天。

青花壽山福海圖大瓷爐 明
宣德年間製，祭祀用器。此爐器形巨大，端莊雄渾，有商周青銅鼎器的氣勢，為宣德年間代表性製品。

乾清宮 明

掐絲琺瑯七獅戲球圖長方盤　明

長方形盤，安放在垂雲式的如意座上，金盤以天藍色的琺瑯釉為地，盤心是七獅戲球。此器製作工整，紋式新穎，動物紋樣生動活潑，是在繼承前期琺瑯器製作工藝基礎上的新發展。

三、興建生祠

　　隨著魏忠賢地位的不斷提升，部分官僚出於各種原因向他靠攏，協助他控制局面，打擊反對派，他們被稱為魏黨或閹黨。其中，崔呈秀是魏忠賢死黨中最受寵信的人，兩年中，他由一個革職聽勘的罪臣，竟先後任工部尚書和兵部尚書，並兼左都御史，權傾朝野，後來人以崔、魏並稱。

　　號稱「十狗」之一的曹欽程，原為吳江知縣，其貪污納賄、聲名狼藉。自從認魏忠賢為義父後，便日夜出入魏府，搖身一變成了朝中紅人。這個不知羞恥的傢伙，逢人使吹噓乾爸爸如何寵愛他，他如何受到乾爸爸的重用。他的無恥卑劣連同黨都覺得厭惡，後來連魏忠賢都覺得他討厭噁心，便削了他的官職，趕走了他。這個傢伙到了此時還跪在地上向乾爸爸叩頭謝罪，說什麼「君臣之義已絕，父子之恩難忘」，哭哭啼啼、戀戀不捨。

　　吏部尚書王紹徽每升降一名官員，一定稟告魏忠賢，他的順從聽話使魏忠賢十分滿意，誇他「真兵家之珍也」。同僚們對他的諂媚無恥看不慣，背地裡叫他「王媳婦」。

　　涿州人馮銓，翰林出身，因與東林黨人不和，又和魏忠賢入宮前的妻子馮氏同姓，魏忠賢認他為馮氏同宗，成了一家人，保舉他入了內閣，成為「少年宰相」。內閣中其他人員如黃立

皇宮銅獅　明

極、施鳳來、張瑞圖等都是魏忠賢的親信，人們稱他們為「魏家閣老」。魏忠賢的權勢一時達到頂峰。

天啟六年時，內閣草擬聖旨，都以「朕與廠臣」並稱。皇上稱呼他不稱名字，稱「廠臣」，這在幾千年專制史上算是一大可驚可歎的事。這年六月，浙江巡撫潘汝楨上疏，對魏忠賢歌功頌德，說什麼：「廠臣心勤體國，念切恤民，莫不途歌卷舞，欣欣相告，戴德無窮，公請建祠，用以祝壽。」祠，也叫

祠堂，原是用來祭祀死去的祖宗或先賢聖哲、為國為民立了曠世恩德的人建的祖廟，歷朝歷代卻很少有為活著的人建祠廟。然而，熹宗看了潘汝楨的奏摺後，發下聖旨：「宜從所請，以垂不朽。」於是，為了魏忠賢不朽，潘汝楨花費民脂民膏在西子湖畔為魏忠賢建了一座規模宏大、豪華氣派的生祠。熹宗為生祠賜額匾一塊，上書「普德」二字，並命錦衣衛百戶沈尚文等守護祠宇。從此，各地紛紛興起了一股為魏忠賢建生祠的怪風，一時生祠遍佈天下，數不勝數。

崇禎通寶

應天巡撫毛一鷺在蘇州虎丘造了生祠，薊遼總督閻鳴泰在薊州、密雲建祠，宣大總督張朴建祠於宣府、大同，山西巡撫曹爾楨在佛教聖地五台山建了一座生祠。更有甚者，生祠建在天子腳下、京城裡面。巡視五城御史黃憲卿在北京宣武門外建祠，順天府尹李春茂在宣武門內建祠。連太祖皇帝的孝陵旁邊，也由守衛孝陵的衛指揮李之才建了一所金碧輝煌的魏公祠。

不知太祖若地下有靈，會對此景作何感想。有的連皇帝的老家安徽鳳陽也沒有放過，河道總督在鳳陽皇陵旁邊修了一座生祠。

魏忠賢還把建生祠當作衡量人們對他忠誠與否、服從與否的標準，許多官員因不肯建祠，或不願向魏忠賢塑像叩拜而被處罰。薊州守備就是因為不肯跟隨上司向九千歲生祠叩頭，便受到嚴刑折磨，後來竟然被殺了頭。建生祠已成許多官員自保的手段。

魏忠賢號稱「九千歲」，他的榮華富貴到了連皇帝都不如的地步。正月三十是魏忠賢的生日，從正月十五開始，各色送禮祝壽的人擠滿了乾清宮內外。正月三十那天，為九千歲拜壽的三

午門

午門是故宮四座城門中最壯觀的一座，歷來是宮廷禁地，只有少數人在特定情況下才能通過。特別是正中的門洞，為皇帝專用的御道，只有皇帝大婚時，皇后乘從的喜轎可以由此進宮，或者殿試傳臚狀元、榜眼、探花由此出宮。今天，午門已成為從南邊進入故宮參觀的入口。

青玉福祿壽三星飾‧明

呼「千歲千歲千千歲」，呼聲震盪在紫禁城裡，正在木工房裡忙活的皇帝想必也聽到了，不知他是否想過自己的生辰卻沒有廠臣的生日熱鬧氣派，有沒有想過是什麼原因。

四、敗亡身死

一件事讓魏忠賢頓感大禍將至，那就是熹宗的駕崩。熹宗的身體本來就不太好，看起來病厭厭的。有一天，熹宗和太監等人在西苑泛舟遊玩，結果一陣狂風吹來，熹宗落水，幸好大家及時救援，方保住熹宗一命。熹宗如此嬌貴，經此一嚇，加上又受了風寒，原來多病的體質變得更虛弱，精神和身體受到雙重打擊。張皇后召太醫精心醫治，但熹宗玩心甚大，喜動不喜靜，身體健康總不見好轉，病情一天重於一天。八月二十二日，熹宗病死，年僅二十三歲。

魏忠賢不願信王朱由檢繼位，但有熹宗遺言在先，張皇后態度堅決，魏忠賢的黨羽們面對此等大事，沒有膽量做滅九族的大逆罪行。魏忠賢還想等一等，幻想或許會有辦法實現野心。但

明皇陵神道
位於安徽省鳳陽縣城西南，是明太祖朱元璋父母兄嫂之墓。

是，熹宗駕崩當天，張皇后立即傳下皇帝遺詔，命英國公張惟賢等迎立御弟信王入繼大統。魏忠賢將熹宗駕崩的消息對外封鎖了一天，直到第二天，才不得不向外宣告皇后懿旨：「召信王入繼大統。」隨後頒佈熹宗遺詔，命信王朱由檢即皇帝位。

八月二十四日，信王在皇極殿即皇帝位，是為崇禎皇帝，廟號思宗（或稱毅宗）。新皇帝登基，九千歲魏忠賢送來四名絕色女子，這既是討好又是迷惑，新皇帝不動聲色地接收了下來。

一朝天子一朝臣之理誰都明白，可新皇帝登基後一切按部就班，正常又平常。對魏忠賢試探性的辭職要求，他溫言慰勉留任；對客氏提出從宮中遷出的事，他順水推舟地予以批准；對一些出於各種動機的朝官上疏彈劾魏氏同黨之事，他反而下旨斥責上疏的人「輕詆」。

新皇帝的這些舉動，讓閹黨們摸不透他葫蘆裡到底賣什麼藥，均感到心驚膽戰。

不知是出於窩裡鬥還是去軍保帥之策，十月十三日，閹黨雲南御史楊維垣一面上疏彈劾魏忠賢最親信的走狗、人稱「五虎」之首的兵部尚書兼都察院左都御史崔呈秀「立志卑

污，居身移濁」，一面又為魏忠賢大唱讚歌。然而，崇禎帝下旨譴責楊維垣「率意輕詆」，對奏章中提出的崔呈秀的種種劣行惡蹟又不予追究。幾天後，楊維垣再次上疏彈劾這位閹黨的骨幹分子，一面指責崔呈秀「通內」，一面又繼續為魏忠賢歌功頌德。出人意料的是，崇禎帝這時令崔呈秀靜聽處分。兩日後，崇禎帝下詔免掉崔呈秀兵部尚書、都察院左都御史之職，並令他離開北京，回原籍守制，消除魏忠賢的左膀右臂。

這時，官吏被長期壓抑的怨氣如火山爆發似的噴洩而出，有人開始將矛頭直指魏忠賢，崇禎帝依然未置可否。

面對眾人的揭露和抨擊，魏忠賢以為皇帝的沈默是出於先帝囑託所致，居然跪到崇禎那裡哭

金爵、金盤
明

掐絲琺瑯纏枝蓮紋螭耳薰爐 明

爐身施藍色琺瑯釉為地，飾彩色纏枝蓮花托雜寶紋。蓋飾銅鍍金鏤空蟠螭紋，邊緣為藍色釉地飾彩色菊花紋，頂有彩色蓮瓣紋環繞鏤雕夔鳳鈕。其釉色特點及紋飾風格都具有明晚期的特點。

訴，皇帝則溫言加以勸慰。

魏忠賢為了避免像劉瑾那樣束手就擒的事情重演，他在天啟元年時，就經熹宗允許建立了「內操」，從太監中選拔士兵，由太監任將校，駐紮於紫禁城中，隸屬司禮監和東廠，成為魏氏的私人軍隊。

崇禎帝對這支太監部隊還是很有顧忌的，為了解決這支心腹之患的「閹軍」，崇禎帝下令內操兵全部出宮，赴兵部領取賞銀。「閹軍」們興高采烈地到兵部衙門領賞時，皇上旨意到了，命令立即解散「內操」，所有人員一律遣散，不許入宮。魏忠賢這支保駕親軍，兵不血刃地就被崇禎帝解決了。

十月二十六日，官卑職低的浙江海鹽縣監生錢嘉征上疏揭發魏忠賢十大罪狀。崇禎讀了此文，不禁擊節讚賞，立即召見魏忠賢聽內侍朗讀。魏忠賢只好找原信王府太監徐應元低聲下氣地求情，徐應元替他出了個主意，上疏給皇帝，辭去總督東廠太監之職，以暫避鋒芒。

崇禎帝接到魏忠賢引疾辭爵的辭疏，下旨准奏，並下詔削奪魏忠賢親屬魏良卿、魏良棟、魏鵬翼等人的爵號職務。沒等魏忠賢反應過來，又下旨於十一月初一勒令魏忠賢到鳳陽祖陵司香，將其趕出紫禁城，打破了他等待時機、捲土重來的如意算盤。後來得知徐應元受賄勾結魏忠賢之

事，崇禎帝也將徐應元貶到顯陵當差，趕出了皇宮，終生不得進宮。

魏忠賢操持國柄七年之久，黨羽鷹犬遍佈天下，如今被貶鳳陽，九千歲威風仍不減。當他出京赴鳳陽時，隨從死黨衛隊達千餘人，個個身佩武器押著滿載珍寶金銀的四十輛大車直奔鳳陽。魏忠賢這一舉動把崇禎皇帝徹底激怒了，他決心嚴懲不饒，立即降旨兵部，派兵馬追捕擒拿。

大啓七年（一六二七年）十一月初六，魏忠賢一夥氣焰囂張地來到阜城縣南關，忽然有人從京中趕來送信，魏忠賢一聽皇上已派兵部人馬前來捉拿，自知必死無疑。他思前想後，知道等待

他的將是酷刑和凌辱，遂用衣帶於半夜懸樑自盡了。他的親信李朝欽也從夢中驚醒，見魏忠賢已死，也自縊身亡。

崇禎帝對魏黨餘孽進行了大清理，次年正月，崔呈秀在薊州被斬首，客氏也被斬首示眾，魏忠賢在河間府被戮屍凌遲。一代巨奸魏忠賢終於得到了應有的懲罰。

李自成

李自成出身平民，是中國歷史上著名的平民起義領袖之一，號闖王。明末政治腐敗，民不聊生，平民起義風起雲湧。李自成憑著超人的膽略和勇猛，在眾多的平民起義軍中脫穎而出，提出了「均田免賦」等口號，橫行天下，深得廣大人民的歡迎，當時有「迎闖王，不納糧」的歌謠。李自成建立大順政權，年號永昌。攻進北京、推翻明王朝後，他只控制了北京短短幾日，便在清兵和明將吳三桂的夾攻下倉皇撤離，兵敗南下，於九宮山遇害身亡。

一、少年多難

李自成（西元一六○六年～一六四五年），陝西米脂縣人，生於一個普通的平民家庭。他家中非常貧困，從小便經受了艱苦生活的磨練。

李自成八歲的時候，父親李守忠把他和李自成的侄兒李過送到私塾去讀書。

無論生計如何艱難，李守忠還是勒緊腰帶，供他們上學。可是，李自成和李過叔侄二人好像都不是讀書的料，經常逃學。然而也正是這幾年的讀書生活，讓李自成粗通文墨，成為他馳騁天下的重要資本。

李自成對練武特別感興趣，他想練就強壯的身體，憑武藝橫行天下。李守忠見他們讀書不成，只好從延安請來一位姓羅的武術教頭，

教他們習武。習武也講究武德，如要扶危濟貧、除暴安良、不輕易傷人、大度容人等，這爲他以後成爲平民起義的領袖提供了重要條件。

因家中貧困，李自成從小就分擔起謀生的責任，可謂艱苦備嘗，還不時受到大戶人家的欺侮，這使他從小就仇視大戶人

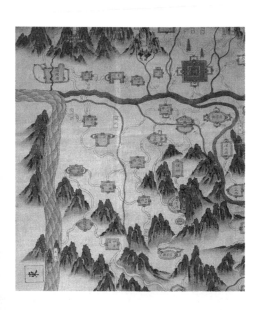

家。爲了謀生，李自成爲當地富戶放過羊，後來他還做過雇工、鍛工、酒傭。李自成二十歲時，父親去世了，養家的重擔就落在他的身上，什麼活他都幹過。

儘管李自成身強力壯，卻也免不了受大戶人家的污辱。當地有一鄉紳艾氏，他門前有一石坊。一天，艾氏送客人時，發現李自成袒胸露背地睡在石坊上面，便將他狠狠地痛罵了一頓。李自成非常氣憤，故意在艾家門口撒尿，結果又被人發現。幾個莊丁把他抓到院子裡，一頓毒打後，將他綁在柱子上，令他饑餓難耐。正巧艾家的小兒子出來了，手裡拿著餡餅，津津有味地吃著。李自成此時也顧不得自尊，可憐巴巴地向小孩討餅吃。小孩說寧可餵狗也不給他吃，接著把餅扔在地上，踩了幾腳後，揚長而去。李自成大受羞辱，更加仇視大戶人家。

陝北地處三邊軍事要地有許多驛站，李自成二十一歲時，到銀川驛站當了驛卒。驛卒的任務是傳遞公文，護送重要賓客和過往官員，運送重要物資。這是一件苦差事，不論颶風下雨，都要

按時上班，而且工錢極低，只能養活自己。這段時期使李自成瞭解了官府的許多事，對明王朝的腐敗有了深切的感受。李自成當驛卒並不順利，不斷地出事故，幸而有不少人為他說好話，才算保住了飯碗。由於工錢不足以養家，李自成不得不舉借外債。又由於不能按時還債，李自成常遭毒打。在當地實在是無法待了，於是李自成叔侄二人便決心去外面闖天下。

二、名揚天下

明朝後期，政治極其腐敗。崇禎皇帝寵愛鄭貴妃，整日居於深宮，荒廢國事。各級官員乘機貪贓枉法，中飽私囊。

遼東女真的興起也加劇了明後期的社會危機。女真就是後來建立清朝的滿族，他們在努爾哈赤的領導下，把明朝軍隊打得節節敗退，遼東大部分地區被清軍佔領。

為了對付清軍，明朝不得不擴充軍費，這更加劇了老百姓的負擔，加上明後期水利失修，大大削弱了抵禦自然災害的能力，陝西一帶常鬧饑荒，竟出現了人吃人的現象。這一切只能把老百姓逼上造反的道路。

天啓七年（西元一六二七年），在陝西澄城發生了以王二為首的平民起義，揭開了以陝西為中心的明末大起義的序幕。也是在這時，號稱「八大王」的張獻忠和號稱「闖將」的李自成拉起隊伍，投身起義中。

李自成先是在不沾泥（張存孟）軍中，後見他胸無大志，又不能容人，於是便帶領一小隊人馬和李過投靠了高迎祥。

明朝對平民起義大為震驚，派重兵前往陝西鎮壓，這樣高迎祥和李自成便轉戰山西一帶。由於李自成英勇善戰，又有謀略，他率領的軍隊逐漸成為最強大的一支。

山西和陝西只有一河之隔，起義軍忽來忽往，非常方便。山西人民不堪苛捐雜稅之苦，很多人成為破產流民，他們紛紛加入起義軍，活動在山西的所謂三十六營中，李自成是獨立的一營。在與明軍的戰鬥中，李自成屢屢顯示出特有的才能，使他在三十六營中的地位日益提高。在山西

的各支起義軍中，紫金梁的力量最強，他成了各支起義軍的盟主。然而在與明軍的作戰中，紫金梁身受重傷，不久便死去。紫金梁的餘部歸屬了李自成，從而大大擴充了李自成的力量。

李自成和高迎祥緊密配合，從山西撤出，進入河南，活動在黃河以北地區。

李自成 中國名人探秘

159

鋼劍 明
這柄鋼劍至今仍很鋒利，彈性很好，充分體現了明代兵器的冶鑄水平。

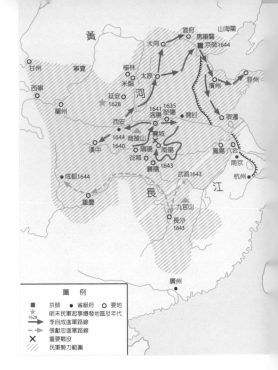

李自成渡過黃河後，以迅雷不及掩耳之勢佔領了澠池和伊陽縣城，不久又攻克了盧氏縣城。這裡地處中原，是明王朝的心臟地區。河南巡撫玄默見戰火燒到後院，不免有些恐慌。他派兩員大將率兵固守洛陽，以阻止起義軍向東發展。

農民軍渡過黃河後，兵分三路，向東猛打。當時中原地區承平日久，上下皆不習戰，所以官軍經不起起義軍的攻打，大多一戰即潰。

從李自成諸部在中原的活動來看，雖然不斷有新生力量補充，但軍事進展並不是很順利，因此起義軍不得不活動在河南、湖廣、四川交界處的山區。於是，李自成和高迎祥便打算重返陝西。

李自成諸部返回陝西後，陝西各地便到處烽火連天，各級官府非常恐慌。因此，明朝老將洪承疇親自前去平亂。他指揮各路官軍對起義軍圍追堵截，很快的就使李自成在陝西陷入困境。起義軍損失慘重，李自成部又進入河南。

在河南，起義軍接連攻克許多地方，崇禎皇帝急命洪承疇出關入豫，鎮壓起義軍。面對官軍的巨大壓力，起義軍首領在滎陽召開「滎陽大會」，共商突圍大計。事實證明，這次大會對打破官軍圍剿發揮了關鍵作用。

滎陽大會後，起義軍攻佔鳳陽，並焚燒了皇陵享殿。在鳳陽待了三天後，李自成和高迎祥又輾轉返回陝西。在陝西，李自成接連殺死了艾萬年和曹文詔兩員明將，使明軍遭到大敗。明廷大

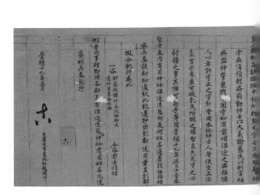

為震驚，崇禎帝遂任命盧象什為總理，負責關外圍剿事宜，洪承疇則負責關內，協同圍剿起義軍。

三、敗而不餒

武將孫傳庭接任陝西巡撫後，和洪承疇密切配合，對陝西起義軍展開大規模的圍剿。而高迎祥是起義軍的盟主，勢力最強，因而成為他們要對付的最主要的目標。在黑水峪之戰中，明朝對起義軍採取分化政策，不少士兵投降，高迎祥終因寡不敵眾被俘，後被押往京師處死。

高迎祥之死對起義軍打擊很大，不少起義軍首領紛紛向明軍投降。李自成得知高迎祥被殺，忍住悲痛，繼承了「闖王」的稱號，繼續與明軍周旋。

崇禎十年（西元一六三七年），李自成在陝西接連受挫，便打算南下四川。此時，張獻忠諸部力量壯大得很快，明軍把主要精力用在他身上，暫時忽略了四川的防務，正好為李自成入川提供了條件。

五月，李自成率部進入四川，但他們圍攻成都二十多天，卻未能攻下，只好打回陝西。

為了把農民軍鎮壓下去，明朝採用剿撫並用的方針，許多起義軍首領受招。面對這種情況，為縮小目標，李自成將西部起義軍分成三部，分別與明軍周旋。在陝西，李自成的處境也不是很好，但他一直與明軍對抗，堅決不受招撫。為擺脫這種困境，李自成打算再次進入河南。然而，洪承疇早已察覺到他的動向，事

明兵部有關李自成活動情況的行稿

將官冑甲穿戴展示圖 明朝的新式鎧甲主要有鎖子甲和布面甲兩種。鎖子甲是用小鐵環編成，布面甲由棉布和甲片製成。這兩種鎧甲都非常輕便，並能有效地抵禦火銃的攻擊。

先做好了埋伏，就等李自成前來。在潼關南原，李自成的隊伍幾乎全軍覆沒。潼關南原大戰是他損失最爲慘重的一次。

潼關南原大敗後，李自成和少數親信隱藏在商洛山中。就在此時，清軍向明王朝大舉進攻，逼近京師，崇禎皇帝急調洪承疇和孫傳庭回京勤王。洪、孫二人的離開，使起義軍獲得了喘息的機會。李自成乘機收集散兵，慢慢積蓄力量，以圖東山再起。爲爭取張獻忠，李自成親自去谷城勸張獻忠再起兵，他認爲即便達不到這一目的，也可從張獻忠那裡得到一些資助，以便重整旗鼓。崇禎十一年（西元一六三八年），李自成在谷城與張獻忠相會，張獻忠送他馬、騾各五十匹，還有一些衣甲，李自成道謝作別。

崇禎十二年（西元一六三九年）五月，張獻忠於谷城復叛，羅汝才等部也紛起回應。持續一年多的撫局終於被徹底破壞。當張、羅復叛時，李自成正潛伏在湖廣西北部的鄖陽山區。得知這一消息後，李自成精神大振，於是馬上召集部下，準備再次起義。但由於人數不多，李自成便和張獻忠、羅汝才合兵一處，同時保持相對的獨立性。

明軍把矛頭對準張獻忠，羅汝才為自保又接受招撫，李自成只好率領部下去巴西魚腹諸山躲避。他的處境十分艱難，部下也人心不穩，形勢不斷惡化。李自成分析了當時的形勢，悄悄地進入陝西，後來又由陝西突入河南，力量得到迅速的壯大和發展。「迎闖王，不納糧」這一口號逐漸為人們所認同，成了他們的希望所在。

隨著李自成起義軍在河南的順利進軍，一些文人開始投靠李自成，為他出謀劃策，其中最有名的有李岩、牛金星和宋獻策。他們使李自成更懂得策略的運用，並幫助他制定一些發展的策略，加重了對老百姓的宣傳和鼓動，使李自成的隊伍得到迅速的發展和壯大。

明崇禎十四年（西元一四六一年）一月，李自成起義軍攻佔洛陽。福王朱常洵卻把拿錢付軍餉看成是姪子崇禎皇帝的事，根本不顧老百姓的死活，以致老百姓對他恨之入骨，城中士兵也不願為他賣命，最後，他終於被起義軍抓獲殺掉。崇禎皇帝得知福王遇害後，感到自己的末日也即將來臨。

李自成雕像

四、建立政權

李自成攻克洛陽後，揮師東進，攻打豫東重鎮開封。開封是朱元璋第五子周王朱恭枵的封地：朱恭枵是個頗有心計之人，能團結城中軍民固守，因而李自成在城下連連受挫。但是，李自成在中原地區沈重打擊了明朝重將楊嗣昌，促使他不久之後畏罪自殺。崇禎十四年九月，在馬家莊之戰中，明將傅宗龍被抓獲，李自成掌握了戰場上的主動權，接著又攻陷了河南的許多州縣。崇禎十四年年底，李自成再次率大軍圍攻開封，但久攻未下，只好從開封撤圍。

李自成前往郾城迎擊左良玉，攻佔了河南許多州縣，大體掃清了開封周邊，接著第三次圍攻開封。明軍為固守開封，使黃河決口，結果使開封和河南許多地區淹沒在一片汪洋之中。在「柿園之役」中，李自成將孫傳庭擊潰，接著乘勝前進，又在汝寧之戰中俘殺了總督楊文岳，河南一帶已沒有能夠抵擋李自成的明軍。李自成佔領信陽等地後，便南下湖廣。

李自成南下湖廣後，於崇禎十五年年底攻佔了重鎮襄陽，左良玉倉皇東逃。接著又攻佔了承天府，並摧毀了嘉靖皇帝父親（興獻帝）的陵墓。李自成攻佔襄陽後，想把荊襄地區建成自己的根據地，因此急於想攻下鄖陽，建立一個穩固的後方基地，但未能攻下。

明末造反的起義軍原有許多支，但他們互不統屬。隨著力量的壯大，李自成便開始考慮建立政權，漸漸容不得那些總是想和他平起平坐的起義軍領袖，於是像羅汝才、革左五營和小袁營等起義軍首領都被他剷除，李自成的領袖地位越來越穩固，這為他建制稱王準備了條件。崇禎十六年二月，李自成在襄陽設官建制，初步建立了中央和地方各級機構，歷史上稱為襄陽政權。三

個月後，李自成正式稱新順王。

　　李自成從河南進入陝西，在襄城、潼關等地接連大敗孫傳庭。隨著孫傳庭的戰死、潼關的攻破，通往西安的門戶被打開了，李自成便以破竹之勢向西安進擊。崇禎十六年（西元一六四三年）十月，起義軍攻佔西安，後又攻略三邊，並旁及山西、青海部分地區，從而基本上控制了西北地區，為進軍京師建立了一個相對穩定的後方。

　　崇禎十六年年底，李自成雄踞西安、東控河南、西控陝甘、南扼荊襄，於是於崇禎十七年元旦正式在西安建國，國號「大順」，年號「永昌」，並對官制重新加以更定。李自成西安建國後，清廷向他致書，

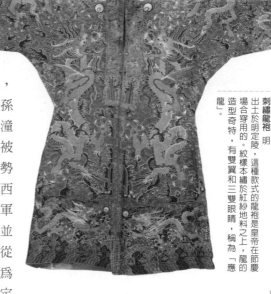

刺繡龍袍　明
出土於明定陵，這種款式的龍袍是皇帝在節慶場合穿用的。紋樣本繡於紅紗地料之上，龍的造型奇特，有雙翼和三雙眼睛，稱為「應龍」。

李自成賑濟百姓的織金黃緞袍　明

欲和他合力攻打明朝，但李自成並未對此做出積極的反應。

　　李自成對明王朝的毀滅性打擊，張獻忠和遼東清軍對明王朝的巨大威脅，加快了李自成的勝利進軍。

　　明王朝此時已是奄奄一息，崇禎帝感到末日已近，整日愁眉不展，他反覆掂量後，選任李建泰擔任督師，但李建

大順通寶、永昌通寶
李自成稱王後，設局鑄造錢幣，名曰「永昌通寶」。中國歷代開國時都要鑄造本朝貨幣，確認自己的地位，李自成、張獻忠也是如此。

黃河北岸東進，攻佔晉南和河北等地，截斷了崇禎南逃的退路。

李自成率主力經太原、大同、宣府等地從北邊夾擊北京。同年三月，李自成的各路大軍進逼北京。北京陷落，崇禎皇帝於煤山自縊，從而結束了明王朝近三百年的統治。

接著，李自成採取了一系列措施，穩定了京師的社會秩序；對舊官僚機構進行了清理，解決了新政權的財政問題；爲建立全國政權採取了一些措施。

李自成在西安所建立的大順政權的基礎上，進京後又進一步加以完善。在中央政權方面，李自成設天殿，相當於明代的內閣；同時還設立了吏、戶、禮、兵、刑、工六部。在地方政權上，他重視地方政權的建設，每

泰卻於兵敗後投降李自成。面對這種情況，崇禎皇帝想把京師遷往南京，但仍狐疑不決，又因調吳三桂入關不成，只能坐以待斃。

崇禎十七年（西元一六四四年）正月初八，李自成親率大軍由長安出發，向北京進軍。渡過黃河之後，他命劉芳亮率左營沿

冕 皇帝的禮帽 明朝服飾以氣勢宏大、端莊華美見稱，帝后服制就是這方面的突出代表。明朝服飾把唐宋帽式、袍衫、玉帶、皂靴加以繼承，形成明朝官服的基本特徵。冕是皇帝最高級的服制，與之配套的是袞服。明制規定，在祭天地、宗廟、社稷、先農及正旦、冊拜等大典上，皇帝要戴十二旒冕、穿袞服。

佔一地就委官治理。佔領北京後，他多用士人分赴各地，以招撫地方，宣佈願意歸降大順政權的明朝官員仍照任舊職。他還建立了比較完備的軍事制度，並實行了屯田制。

五、九宮山遇難

吳三桂長期駐守山海關，他的隊伍是明廷抵禦清兵的主要力量。當他得知李自成佔領京師後，遂率軍返回山海關，密切關注形勢的變化。李自成為招降吳三桂做了一些工作，但由於李自成大將劉宗敏霸佔陳圓圓，吳三桂一怒之下重新奪回山海關，致使招降工作功虧一簣。

李自成和吳三桂兩軍在西羅城展開激戰。李自成的軍隊處於優勢，吳三桂請多爾袞出戰，吳軍士氣隨之大振，李自成兵敗，急命撤軍。

李自成攻佔北京後，由於政治策略以及管理上的失誤，導致軍紀渙散，一些官員也滋生了腐化享樂的思想，致使社會人心浮動。

李自成山海關兵敗的消息傳到京師後，人心更加惶恐不安。在這種情況下，李自成於倉促稱帝後撤離北京。多爾袞乘機率領清軍進入北京，待社會秩序安定後，便馬不停蹄地急追李自成。

李自成行宮

李自成兵敗山海關和放棄京師的消息一傳出，原來歸順李自成的明朝將領便紛紛反叛，清軍迅速佔領了京師和大片區域。李自成為了改變被動局面，經山西向關中撤退。關中是李自成的根本重地，因此，李自成親赴前線指揮作戰，以固守關中，徐圖發展。此時的張獻忠不是支援李自成，而是向川北發展，在成都建立大西政權。

荒年誌碑拓片　明

一九五七年河南省內黃縣發現，此碑記述明末河南地區天災人禍、民不聊生的悲慘情境。這裡自崇禎十二年至十七年（一六三九年到一六四四年）每年都有災害發生，經常五穀不收，致使糧價暴漲，人們以樹皮野菜充飢，廣大中原地區赤地千里，瘟疫流行，死者大半，不少地方出現人吃人的現象。碑文也記述了李自成在河南的活動情況。

工政府屯田清吏司契銅印
這是李自成大順政權鑄造的印信。印面篆刻
「工政府屯田清吏司契」。一六四四年，李自
成攻佔北京，規定改印為符、券、契、章凡
四等；改明六郡為政府，這枚銅印是專理屯
田事宜的政府職能憑證。

　　十月中旬，清兵向陝西推進，準備由陝北南下，一舉摧毀西安的大順政權。李自成得知清兵進攻陝北的消息後，決定集中力量加強陝北的防務。但潼關的局勢變得非常緊急，於是李自成改變計劃，向潼關進發。經過幾番激戰，潼關失守。此時，李自成意識到丟棄關中已成定局，於是決定放棄西安，經南田、商洛地區向河南和湖北交界地區撤退。放棄關中是大順政權的一次戰略大撤退，此後，李自成的處境越來越困難。

　　李自成放棄西安後，經湖北和河南交界地區向東南方向撤退。清軍緊追不捨，大順軍一直未能組織起有力的抵抗。次年三月，李自成大軍逼近承天，鎮守武昌的左良玉向南京的福王政權告急。李自成聲稱要奪取武昌，左良玉非常恐慌。一個月後，李自成的大順軍兵不血刃就進入了武昌，但由於清兵進軍迅速，李自成在武昌只停留了兩天，便順江東下，向九江進發。

　　當李自成撤到九江富池口時，被清兵追上，在兩軍交戰

中，李自成損失非常嚴重。李自成於是從九江掉頭向西南方撤退，以打破這種被動局面。當李自成退到通山縣九宮山一帶時，清軍尾隨而至，對大順軍展開了大規模圍攻。大順政權永昌二年五月的一天，李自成在九宮山被鄉勇打死。至此，李自成戎馬倥傯的一生宣告結束，中國歷史上硝煙瀰漫的一章劃上了句號。

李自成在中國歷史舞台上縱橫馳騁十幾年，部眾曾達到百餘萬，幾經失敗，幾經再起，這不是一個凡夫俗子所能做到的。他胸懷大志，意志堅強，生活儉樸，寬以待人。他還在長期的軍事生涯中，逐漸形成了自己的一套戰略戰術，一種頗有特色的軍事思想。他痛恨官府和富戶剝削農民，提出「均田免糧」、「三年不徵」的口號。

但是，由於李自成出身平民家庭，同封建時代其他起義軍領袖一樣，他也有皇權主義思想。建立政權後，他便稱王稱帝。他的流寇觀也很嚴重，始終沒有建立一個鞏固的根據地。他未能始終如一地嚴肅軍紀，致使大順政權很快失去民心。另外，他還存在著平均主義思想，提出的「均田免糧」口號不可能成為現實，也正是這一決策導致李自成的最終失敗。這就是李自成的一生，歷史造就了他，他也影響和推動了歷史。

柳如是

　　一代奇女子柳如是，出身於煙花之地，卻脫盡風塵之色。她國色天香，美豔絕倫，令無數風流名士為之傾倒；她善琴棋，諳丹青，識文墨，才華橫溢，令眾多文人騷客自歎弗如；她嘲虛偽，斥倫常，蔑禮教，直欲逆轉乾坤，又令時人為之瞠目；而她高舉反清大旗，胸懷復明之志，則更令當時、後世鬚眉男子盡折腰。

一、相府小妾

　　柳如是，本名楊愛，生於明萬曆四十六年，祖籍吳江或嘉興，家世已不可考。年僅十歲即被賣入妓院。

　　盛澤鎮位於江、浙交界處，萬商雲集，百業俱興，尤以妓院著名。柳如是便被賣到了這裡的一家著名妓館——歸家院。名妓徐佛看她長得嬌小玲瓏，容貌俏麗，而且聰慧機敏，便將她收入自己門下，作為「養女」。此後又請人每日教她寫字繪畫、吟詩作對、彈琴跳舞。

　　柳如是天資聰穎，不久便掌握了各種技藝，尤其擅長丹青詩文，頗為徐佛喜愛。

　　崇禎年間，「吳江故相」周道登以宰相身份告老還鄉，他的老母親想買一個聰明伶俐又知書識禮的貼身小丫頭，請徐佛代為物色。徐佛認為柳如是最為合適，便將她轉賣給周府做丫環。剛開

始，柳如是因其靈巧機敏且知書識禮而頗得周老夫人的歡心。但沒過多久，她便成爲周道登的獵物。周道登不顧自己已經妻妾成群，竟然恬不知恥地向母親乞求納柳如是爲妾。周母雖然喜歡柳如是，但更愛兒子，便應允了。周道登當時已年邁，柳如是當時年僅十四歲，老丈夫對小妾寵愛有加，常「抱於膝上，教之文墨」。

柳如是受寵，招來周府衆多妻妾的忌恨和憤懣，她們將「宰相納娼」的醜聞大肆宣揚，打算迫使周道登把柳如是趕出周府。儘管柳如是年紀稚幼，但她涉世頗早，心智遠比其年齡成熟，加之性情剛烈，「縱蕩不羈」，令那些妻妾深感頭疼。就這樣，柳如是在霜劍風刀、流言蜚語中生活了一年多。因她與周道登之間毫無愛情可言，更對其人品不滿，於是和周府的一個男僕私相親近。群妾探得此事，大喜過望，三番兩次向周道登告狀，而且百般設計加害，欲置柳如是於死地。柳如是毫不畏懼，對她們的叫罵一笑置之，並且反唇相稽，令群妾奈何不得。但周道登畢竟曾爲一朝宰相，這件事越鬧越大，弄得滿城風雨，對周府極爲不利。

周母雖對柳如是鍾愛有加，

但迫於情勢，只得將柳如是送出周府，又一次把她賣到了妓館。

二、初入風塵

柳如是被逐出周府後，心中充滿對人生命運的感歎，榮辱於傾刻之間的驟然轉變，讓柳如是飽嘗世態炎涼。經過這一波折，柳如是深感風塵女子與相府貴婦沒有根本的不同，她們同樣是讓男人

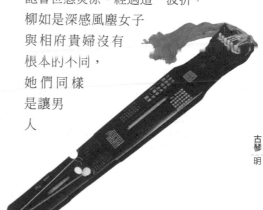

玩弄於股掌之上，這使她心中極
為不平，更加嚮往男人的社會地
位。此後，她索性一身男子裝
束，同男人們稱兄道弟，儼然一
位翩翩公子，人送雅號「柳儒
士」。

在這期間，柳如是結識了號
稱「復社六君子」中的李存問、
宋征輿和陳子龍，他們在東林黨
的餘波後結社反抗朝中閹黨，頗
為有名。柳如是對他們非常欽
佩，幾人常常聚會飲酒，詩文酬
唱，討論時局。久而久之，柳如
是對風流倜儻的宋征輿產生了愛
慕之情，二人交往更加密切。

就在此時，宰相徐階的曾孫
徐三公子慕名來訪柳如是。柳如
是嫌其庸俗，對其極為冷淡，被
戲弄一番後，徐公子仍不死心。
於是柳如是勸他潛心習武，立下

戰功以出人頭地。徐公子果真苦
習戰策弓馬，又考取武官功名，
帶兵出征，卻不幸中炮身亡，成
為柳如是的第一個殉情者。

自此，柳如是將終身幸福押
在宋征輿身上，二人感情日漸篤

雲間第一橋　明
建於明朝中期，位於今上海松江縣內，此橋
風格簡練、實用。

厚。但宋徵輿出身名門，娶妓爲妻無異是斷送自己的前程，而且宋徵輿本是一個風流公子，與柳如是不過是逢場作戲，再加上宋母的責罵，宋徵輿最終與柳如是斷絕關係。

正當柳如是滿腔哀怨之際，又逢當地清查流妓，柳如是被逐出了妓館，因此日子過得十分艱難。初戀受挫使她更加清楚地認識到，自己每日與公子名士交往，貌似風流，實則仍是男人的玩物。在這種心態下，她寫了許多哀婉淒涼的詩作寄託自己的感情。此時，陳子龍又走進了她的感情世界。早在柳、宋二人相好之時，陳子龍就已對柳如是心生愛慕之情，只是迫於情勢無法向她表達。此時柳如是正處於落難之中，內心空虛，幾番詩文傳情後，二人便走在一起。在陳子龍赴京應考的日子裡，柳如是在思念之餘仿照宋玉的〈洛神賦〉格律，寫了一篇〈男洛神賦〉，表達自己對陳子龍的感情，堪稱奇文。可惜好景不長，陳母爲早抱孫兒，又爲陳子龍納側室張氏，後生得一子。而柳如是扮

演了兩年多的「情婦」角色，也未能有孕，而她又不願再屈身做妾，在這種情形下，二人不得不分手。

三、柳如是與錢謙益

柳如是返回盛澤的歸家院後，行事仍舊異於常人，她時常穿儒服，戴儒巾，見到男子更是抱拳施禮，被視爲怪人。但她才華出眾，詩文、墨跡都被視爲世間珍寶，索求者絡繹不絕。

那時，柳如是的才學、怪行、容貌被稱爲「三絕」，名聞遐邇，引來無數風流名士與登徒浪子。太僕寺少卿謝三賓是個好色之徒，多次到妓館糾纏，欲將柳如是佔爲己有。柳如是幾次試圖擺脫他，卻不能如願。在這

人物山水畫｜明　尤求

錢謙益像
明末清初江南著名學者和士林領袖，曾任南明弘光朝禮部尚書，一六四六年變節降清，後被任命為清禮部侍郎。

的絕代佳人迎了出來，巧笑倩兮，美目盼兮，正是柳如是。錢謙益心想這般小巧的可人兒，腹內竟藏著錦繡詩情，著實令人讚歎，不禁生出一份憐愛之情。柳如是性格開朗，雖與錢謙益並不熟悉，卻毫無拘束之態，談詩論景，隨心所欲。那活潑可愛的神情，使錢謙益暫時忘卻了心中的悒鬱，覺得自己也變得年輕起來，一時興起，竟一口氣吟了十六首絕句，以表達對柳如是的傾慕之情。

柳如是對錢謙益也是久慕大名，在她與復社名士的交往過程中，常常聽到人們對錢謙益由衷的讚歎和欽佩。柳如是視膏粱紈袴如木偶，非要博學好古的曠世逸才才肯委身。陳子龍詩「娟娟獨立寒塘路，垂柳無人臨古渡」正是柳如是的真實寫照。

兩人在舟中互道傾慕，促膝而談，很快就迸發了白髮紅顏的感情火花。

按照當時的風俗，如果柳如是直接住到錢家去，是不合時宜的。錢謙益急忙在半野堂後另建小屋，至十月完工，延請柳如是

種情形下，必須找權勢更大的人做靠山，才能保全自己。柳如是一向鄙視權貴，只仰慕有才學的儒雅之士，而錢謙益正是權勢和才學兼而有之的最佳人選。

錢謙益是當時的文壇領袖，是江左三大家之一，頗負盛名。他與柳如是在一次酒宴上結識，以後二人常互贈詩文。錢謙益對柳如是的才學十分欽佩，屢次在詩文中表露愛慕之意。但他已年屆花甲，而柳如是二十剛過，年齡的懸殊讓他們之間沒有進一步的交往。

崇禎十三年十一月，柳如是突然造訪錢謙益所居的半野堂。錢謙益深感突然，又覺十分高興，得知她的船泊於菱塘，也顧不得備轎，拔腿就去了菱塘，果見一隻畫舫載著三個人悠悠蕩於西子湖上。待上了小舟，一位小巧玲瓏

居住。這座小屋取名為「我聞室」，暗寓佛經語錄「如是我聞」之意。柳如是在常熟過了一個愉快的春節，翌年春才移居杭州。

按明代禮法，士大夫不能迎娶青樓女子，錢謙益猶豫再三，不敢貿然行事。柳如是卻執意不行大禮絕不以身相許。最後錢謙益終於置「朝廷名器，大夫體統」於不顧，想出了一條良策，與柳如是在外地同拜天地，結成良緣，然後再回到常熟，住進半野堂。半野堂是錢家的別墅，正宅在常熟城東，那裡住著原配陳夫人。

錢、柳兩人，白髮紅顏，十分相得。他們都喜歡詩文，在自家的「絳雲樓」裡整日對讀詩書，樂而忘疲。

「絳雲樓」是錢家的藏書樓，內藏有數萬卷古籍珍本，足供兩人賞讀品評。後來錢謙益編寫《歷朝詩話》，查找資料的許多工作都由柳如是完成。他們閒暇時還到虞山景色的絕佳之處——拂水山莊去觀瀑，到白茆「紅豆山莊」去看名聞遐邇的紅豆樹。錢、柳二人結合後的數年，兩人確實過了一段才子佳人、夫唱婦隨、充滿詩意的好日子。

崇禎十七年初，李自成的起義軍逼近京都，而此時清軍鐵騎頻頻叩關，明軍不堪一擊，屢戰屢敗。江南人心惶惶。柳如是為時局深感擔憂，多次與錢謙益商議匡扶時局。錢謙益本就極為膽怯，貪生怕死，但在柳如是面前又不甘示弱，因而上疏朝廷請求領兵出戰，無奈此時朝政一片混亂，根本無人理睬此事。柳如是

《錢牧齋先生箋註杜工部集》書影

仕女畫　清　任頤

懷著滿腔報國激情，攜夫出遊京口，詳細考察地形，積極爲抗清做準備，但錢謙益不過是討夫人歡心而已。

數月後，李自成攻佔北京，崇禎皇帝自縊於景山。不久，南明小朝廷成立，福王朱由崧稱帝於金陵。錢謙益認爲這是入朝拜相的絕好機會，於是趨炎附勢，甚至投靠閹黨，終於登上禮部尚書的位子。但朝野上下都對其嗤之以鼻，而柳如是身處僻壤，對此一無所知，偕同錢謙益往南京赴任。

不久之後，清軍入關，攻佔南京，福王出逃被擒，錢謙益竟率領文武百官向清軍下跪投降，表示要效忠於清廷。是年秋天，清廷下旨召降臣到北京任職。北行的那一天，在秋風蕭瑟中，柳如是爲丈夫送行。她身穿大紅衣衫，象徵「朱」明王朝，這一舉動讓所有在場的降臣目瞪口呆，羞愧得無地自容，錢謙益更是羞愧不已。但錢謙益並未因此有所悔改，仍在清帝的台階之下俯首稱臣，做了禮部侍郎。

柳如是鄙視丈夫的寡廉鮮恥，常與舊友們密謀反清復明，

吮筆敲詩圖軸 清 范雪儀
圖中仕女臨桌案而坐，高挽雲鬢，凝神而視，手握筆以吮之，思索之態躍然紙上。整幅畫設色豔而不俗，秀雅之氣充盈。

於是半野堂常有男人進進出出。一時間流言四起。陳夫人早就妒恨柳如是，此時更是藉機大作文章，聯合錢家族人狀告柳如是，欲將柳如是置於死地。錢謙益為官不久，就聽到禍起蕭牆，遂告病回家。此時陳夫人與柳如是已呈劍拔弩張之勢，錢謙益自覺身為降臣，沒有資格去訓斥兩位夫人，於是將兒子責罵一番。鄉野將此傳為笑談。

錢謙益雖然厚顏忍受唾罵，但與柳如是的感情破裂卻令他難以忍受。他深知要得到她的諒解，就必須與夫人共謀抗清大計，便利用舊日的人脈，積極為抗清事業而活動，夫妻關係漸趨緩和。後來，錢謙益因受牽連入獄，而此時錢家人膽小怕事，無人敢出面。柳如是不顧自己重病在身，四處奔走，並變賣家中值錢物品，打通關節，將錢謙益營救出來。錢謙益在患難中更見柳如是的忠貞之心，既敬且愧，此

後受她激勵，漸漸壯起膽子活動，並派人秘密帶信給擁兵於桂林的弟子瞿正，陳述詳細的軍事計劃。但當時人們並不知道錢謙益的抗清之舉，仍然罵他賣國求榮，令他頗感委屈。

在此後一段時間裡，江南許多反清義師都相繼失敗，柳如是又把反清復明的最後希望寄託在福建沿海的鄭成功身上。不久，鄭成功率十萬大軍北上，沿長江直撲金陵。柳如是與錢謙益一個在內運籌指揮，一個在外四處奔走，以接應鄭成功的大軍。這段時間，夫妻二人琴瑟和諧，比翼雙飛，令錢謙益歡喜不已。然而，鄭成功最

緙絲水閣鳴琴圖　明
這件紡織品用緙絲工藝成功地再現了仇英的畫作，該畫描繪的是文人士大夫的雅興。

景山全景
景山為明清兩代皇家的御園，明代稱煤山，山體為明永樂年間營建紫禁城時堆築，主峰高四十三公尺。李自成攻進北京時，崇禎皇帝自縊於景山。

珊瑚紅地粉彩牡丹紋雙耳瓶 清

終被清軍擊敗，只得退回福建，柳如是反清復明的願望終究未能實現。

經過這一連串的波折和打擊，柳如是深感復明無望，遂與老夫君住進絳雲樓，終日坐於書城，編修明史。不幸的是，順治七年十月初二夜裡，由於小女兒嬉戲時不慎將剪下的燭芯落入紙堆中，引起一場大火，江南最富有的藏書樓連同萬卷珍貴典籍化爲灰燼。夫婦二人萬分痛心，所修史書也無法完成。此後，他們靠典當一些倖存珍本維持生計。錢謙益錢權盡失，家中債台高築，債主日日催逼。康熙三年五月二十四日，錢謙益貧病交加在家中去世。

四、柳如是之死

錢謙益死時，柳如是還不到五十歲，從此，厄運便降臨到柳如是身上。在錢謙益臥病在床、奄奄一息之際，鄉間惡霸錢朝鼎等人上門勒索財物；他屍骨未寒，錢朝鼎等人就更加囂張，闖入錢家，衝到靈柩後的孝幕之中，向正在守靈的柳如是大發淫威，直接索要財物；並當著柳如是的面，將錢家眷屬捆綁起來，拳打腳踢，追逼資產，直把靈堂變成了刑堂，鬧得雞犬不寧。此後，錢朝鼎等人又唆使錢家舊日友人騙去官銀官契。錢家本已負債累累，這件事無疑更是雪上加霜。而陳氏夫人等一幫錢家內眷，忌恨柳如是的時日已久，此時也藉機圍攻柳如是，每日堵門叫罵，言語不堪入耳。在這種惡劣形勢的逼迫下，性格剛烈的柳

紫檀座嵌竹花鳥圖插屏 清

插屏屏心為藍漆地，一面用竹木雕一枝盛開的梅花和落於梅枝的兩隻喜鵲，寓意「喜上眉梢」。另一面亦為藍漆地，用竹木雕荷花翠鳥，荷葉翻轉捲折，荷花盛開，寓意「本固枝榮」。屏邊座用紫檀木雕成，屏框細雕回紋，站牙透雕雙龍紋，條環板浮雕纏枝蓮紋，披水牙浮雕螭紋，座墩外側浮雕回紋。

如是強忍心頭怒火，壓抑自己的一腔悲痛，從容殮葬了亡夫的遺體，又安頓好女兒後，便準備在不得已時以死相拚。

一個月之後，錢朝鼎帶著一幫爪牙再次登門逼索財物，並聲稱奉族人之命來收取錢財。

這幫人在錢家翻箱倒櫃，又砸又摔，大鬧不止。情急之下，柳如是假意應承，虛與委蛇，將一幫兇徒騙走。接著，她走進了內室，吮血立遺囑，然後解下腰間孝帶懸梁自盡，情形極為悲慘。

一代風流奇女，香消玉殞，餘恨不盡，而此時距錢謙益去世只有兩個月。後來，她的女兒、女婿遵照遺囑，求錢謙益的生前好友代為伸張正義，訴之公堂，最終使那些陰謀奪產者受到懲罰，落得一個可恥的下場。

柳如是死後，不但未能與錢謙益合葬，反而被逐出錢家墳地。柳如是的墓地在虞山腳下，那是一座孤墳，墓前石碑高只一公尺多一點，上面鑴有：河東君（柳如是曾自號河東君）之墓。

百步之外，錢謙益與原配夫人合葬一墓。

正如近代名人金松岑在〈虞山尚湖訪柳如是墓〉詩中所寫：「孤墳接蒙叟（錢謙益別號），鬼唱夜昏鄰。」此情此景，可悲可歎。許多年後，柳如是墓前仍常有人打掃、祭拜，而錢謙益墓前則一片荒蕪，雜草叢生。後來有常熟縣令為錢墓修茸立碑，但不敢寫其真實姓名，只在碑上刻上「東澗老人之墓」。

和珅

和珅是清朝乾隆皇帝的第一寵臣，是臭名昭著的大貪官。他因風度翩翩、容貌俊秀、精明能幹、善於逢迎而深受乾隆皇帝的寵愛。終其一生，他為追求金錢與權力而費盡心機，在得寵之後，更是恃寵生驕、不可一世。他專權二十餘年，不斷擴充勢力，大肆聚斂錢財，貪盡天下財富。他在官場浮沉數十年，以乾隆為靠山，多次化險為夷。乾隆死後，他即被嘉慶帝賜死，結束了罪惡的一生。

一、立「錢、權」之志

和珅的出身並不顯貴，父親常保官至福建副都統。和珅自幼模樣俊俏，十分乖巧，人見人愛。年少時他曾在咸安宮官學就讀，受到了良好的訓練。他過目成誦，不僅背熟了《四書》、《五經》，而且滿文也達到了較高的水平，另外他還掌握了蒙文和藏文，學會了作詩填詞。他的學業和「謙和」，贏得了著名學者袁枚的稱讚。和珅雖然身為中等官僚家庭子弟，卻因家中變故，並未能擁有悠閒、舒適的生活。他三歲喪母、十歲喪父，小小年紀就不得不為生計奔波，嘗盡了人間冷暖。正如古人所說：「天將降大任於斯人也，必先苦其心志，勞其筋骨，餓其體膚，空乏其身，行拂亂其所為。」正

是少年時代這段備受冷眼與屈辱的經歷，磨練了和珅的意志，使和珅自小就立下了追求金錢權力與出人頭地的志向。最終他步步爲營，成了日後權傾朝野、富可敵國的乾隆朝第一寵臣。

父親死後，爲了籌集生活費用，和珅四處向人借貸，但得到的只是無情的嘲弄與奚落。無奈之下，和珅只得向管理自己家封地的賴五討要租銀。賴五見和珅年幼好欺，非但不給租銀，反而將他趕出家門。無奈之下，和珅只得到保定府告狀，結果卻遭到保定知府的一頓痛斥。爲了繼續生活，也爲了不間斷自己在咸安宮官學——主要招收內務府及八旗官員的俊秀子弟一的學業，年僅十三歲的和珅強忍屈辱，賣掉了土地。

在咸安宮官學學習期間，和珅也因家貧而常常遭人歧視、受人侮辱。有一次，一位大官的兒子寫了一首諷刺老師的詩，卻硬說是和珅作的。惱羞成怒的教師沒有給和珅任何分辯

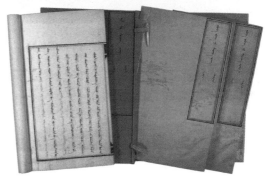

四書講章　清

的機會，抄起戒尺就是一頓亂打。和珅心裡明白，老師也只敢在他這樣的窮學生身上發洩怒氣，根本不敢招惹大官的兒子。這一頓亂打，使和珅想要出人頭地的願望更加強烈。

從四處借貸、要租銀、告官、挨打的經歷中，和珅深深地體會權力和金錢的重要性。從此，他便把對權力與金錢的追求放在人生的首位上。

二、時來運轉，飛黃騰達

確立了人生目標後，和珅更加奮發向上。天道酬勤，和珅出人頭地的機會終於來了。

和珅二十歲時承襲了父親的爵位。他由於一表人材，而被身居高位的英廉看中。英廉將孫女馮氏許配給他，這樣的靠山爲和珅的發跡創造了條件。和珅雖應舉未中，但在英廉的羽翼下，在乾隆三十七年

滿蒙文鑒　清

（西元一七七二年）被授予三等侍衛職，不久調任鑾儀衛，擔任協同管理皇帝鑾輿、儀仗的侍衛。這差使雖然地位不高，但可經常伴駕，是一條晉升的捷徑。

和珅的時來運轉頗具戲劇性。一天，乾隆帝出巡，倉促間找不到黃龍傘蓋，乾隆很不高興，借用《論語》中的一句話問道：「是誰之過歟？」其餘隨行人員都瞠目結舌，不知所措，只有和珅應聲答道：「典守者不得辭其責。」這句話是對《四書》上「豈非典守者之過邪？」的巧妙變通。乾隆順著這宏亮的聲音看到了和珅，見他儀態俊雅，機伶善辯，不覺喜歡起來，從此讓他總管儀仗隊。次日又升他爲御前侍衛兼副都統。和珅以一個官學生的身分，卻如

此迅速地得到寵倖，實屬前所未有。故朝中官員都覺得納悶。孰不知這裡頭有著一段非常離奇的故事。

乾隆爲寶親王時，有一天進宮請安，經過雍正愛妃馬佳氏的臥室，正好看見馬妃在對鏡梳妝。寶親王見馬妃髮長及地，不覺心中一動，偷偷走到馬妃身後，蒙住了她的雙眼。馬妃不知道是寶親王，順手用梳子打到寶親王的眉間，竟打起一個青紫紋塊兒。皇后看見後，以爲寶親王與馬妃有染，便下令將馬妃賜死。寶親王得知時，馬妃已氣絕身亡。乾隆撫屍大哭，咬破手指，在馬妃項間點了個標記，說：「是我害了妳，妳要知道我現在還不能作主。妳如果有靈

魂，二十年後一定要與我相聚，我一定不會辜負妳。」此時馬妃已去世二十六年，和珅也恰好二十六歲。乾隆見和珅面貌和馬妃一模一樣，且項間也有一塊朱砂記，便認爲和珅是馬妃轉世。於是頓時生出憐惜之心，對他百般寵愛。

和珅每日形影不離地跟隨在乾隆帝左右，對乾隆的性情喜好、生活習慣，乃至一言一行、一舉一動，都留心觀察、細心揣測。時間一久，對乾隆的脾氣、心理、好惡等，都瞭解得很清楚。他一看乾隆的臉色，就能猜出乾隆想做什麼，不等乾隆開口，就把該準備的東西準備好了。和珅費盡心機去逢迎乾隆，乾隆也對他的辦事能力極爲滿意。當時乾隆倚重的軍機大臣于敏中是漢人，而乾隆帝一直在物

色一個滿族人幫助自己處理日常政務，和珅無疑成了最佳人選，從此他加官晉爵、平步青雲，九年之內升至軍機大臣。只有三十歲的和珅就當上了軍機大臣，成爲參與軍國大政的核心人物之一，爬到了一般官吏鑽營一輩子都不能達到的官位。這在論資排輩的古代官場中不能不說是一個奇蹟。

乾隆以和珅辦事幹練爲由，開始以驚人的速度不斷提拔他。他曾任吏部尚書、戶部尚書、理藩院尚書、內務府總管大臣、九門提督、領侍衛內大臣、滿洲都

內正文字：

正大光明

弘毅五典無輕民事惟難

資持惟一道綏子庶惟

秉正萬邦慎嚴身脩恩永

克實充仁主躍其有庶

統等要職，封一等忠襄公。和珅
發跡之迅速，實屬罕見。

三、秉權二十餘年

　　和珅自乾隆四十年（西元一
七七五年）發跡，至嘉慶四年
（西元一七九九年）正月被賜

死，專擅朝政二十餘年。他一人
得勢，雞犬升天。弟弟和琳，官
至總督，死後加封一等公；兒子
娶乾隆的掌上明珠固倫和孝公主
為妻，曾任都統兼護軍統領、內
務府大臣；和珅之女嫁給康熙帝
之重孫；和珅的侄女，即和琳之
女，嫁給乾隆之孫子。和珅與皇
室的聯姻鞏固了自己的地位。和
珅的家人憑藉其權勢，橫行霸
道，各地的封疆大吏紛紛攀附和
珅。

　　和珅當權期間，劣跡昭彰，
表現在如下幾方面：

　　和珅得勢之後，大肆培植親
信，組織「和家班子」。他首先

把大學士傅恆之子福長安拉入軍機處。兩人串通一氣，狼狽爲奸，合夥做了許多罪惡勾當。福長安的小舅子是個連滿語都說不好的淺薄之徒，卻被和珅安排爲廣信知府。在一次考核官吏政績的「京察」——吏部對京官三年一次的政績考核——中，和珅特意將他列爲「保送一等」。

和珅的族孫景安被委任爲河南巡撫，白蓮教起義時，他不敢與起義軍正面作戰，總是在起義軍後尾隨，被人譏爲「迎送伯」。和珅的親家蘇陵阿毫無能力，和珅卻對他特別提拔。在兩江總督任上，蘇陵阿公開索賄，接見屬員時竟公開說：「蒙皇上聖恩，命我這老頭子來撈點棺材錢。」這樣一位厚顏無恥之徒，和珅竟公然將他推舉爲東閣大學士。這時的蘇陵阿已年逾八十，兩耳不聰，老眼昏花，連一舉一

動都需人扶持，被人稱爲「活傀儡」。侍郎吳省蘭、李潢、太僕寺卿李光雲，都因曾在和珅家教讀，當了高官，成爲他的黨羽。

對於不附己者，和珅千方百計地予以迫害打擊。他與大學士阿桂始終勢如水火。嘉慶帝的老師朱珪及嘉慶帝的寵臣東閣大學士董浩，也沒躲過和珅的陷害。嘉慶元年（西元一七九六年），太上皇乾隆帝下詔調朱珪來京任

大學士，嘉慶帝寫詩向老師表示祝賀。和珅盯上這首詩，把它拿給乾隆看，說嘉慶早就想「示恩於師傅」。乾隆大怒，幸虧大臣董浩從中勸諫才未處死朱珪，但降朱珪爲安徽巡撫，並諭令「不得內召」。

和珅恃寵弄權，獨霸軍機處。嘉慶二年（西元一七九七年），和珅任刑部尚書時，乾隆帝又命他兼理戶部「緊要大事」。但他到任後，竟獨攬戶部的一切權力。同年，他又下令，以後大臣的奏章，一律要另備一份副本呈交軍機處，使他先於皇帝看到奏章。就這樣，他透過控制奏章的方式獨攬了朝政大權。

嘉慶元年（西元一七九六年），永琰即位後，乾隆帝依然以太上皇名義訓政，和珅繼續受到重用。由於乾隆帝老而健忘，和珅更能左右其意旨，成爲出納帝命之人。他的專擅程度甚於往昔，人皆側目，連嘉慶皇帝也莫可奈何。一次，和珅上奏乾隆帝

裁減太僕馬匹，甚至影響到皇帝乘騎，使嘉慶帝暗自歎息說：「從此不能乘馬矣。」他還把自己的老師吳省蘭派到嘉慶帝身邊，名為幫助整理詩集，實欲窺探皇帝的一舉一動。嘉慶二年（西元一七九七年），嘉慶帝鑑於來年春自己「臨雍禮成」，下諭旨準備「冬間大閱」。和珅即以

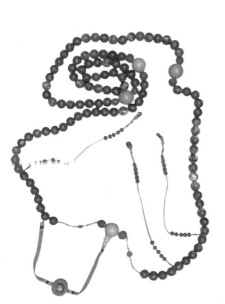

白蓮教大起義未被撲滅為由，向乾隆帝提出不宜舉行這一典禮。乾隆帝立即接受了和珅的建議，下旨說大閱暫行停止。和珅的專擅真是到了無以復加的地步。

乾隆時期，天下太平，官僚、地主日益腐化，貪官數目之多、官員品級之大、贓額之巨、手段之高、範圍之廣，堪稱清代歷朝之最。查找有關史料，人們不難發現，許多大案、要案均發生在和珅專權之後，顯然與和珅不無關係。

乾隆四十六年（西元一七八一年），浙江巡撫王亶望在甘肅藩司任內貪污監生所交的賑濟糧案發，清廷在其家搜出金銀百萬兩之多。通政司副使錢灃查明勒爾謹、王亶望皆為和珅私黨，陝西巡撫畢沅又經常奔走和珅門下，與勒、王兩人狼狽為奸，且知情不報。錢灃於是上奏疏彈劾

畢沅。和珅雖然沒能保住勒爾謹、王亶望等人的性命，但終於使畢沅逃脫了懲處。

乾隆四十七年（西元一七八二年），御史錢灃彈劾山東巡撫國泰等貪縱營私。乾隆命和珅同都御史劉墉以及錢灃一起去查辦。國泰的營私舞弊，世人皆知。和珅先是通風報信給國泰，讓他早做準備；後來在盤庫時隨便抽查幾封銀子，一看數目不缺，就要草草收場。御史錢灃卻查看得十分仔細，發現這裡的庫

銀規格不一，便知有詐。又見和珅那樣盤庫，知其暗中袒護國泰，如果就這樣收場，不光是貪官得不到懲處，他自己還要以所劾不實而獲罪。因此，他再三請求封庫再查。和珅無奈之下，只好同意封庫。第二天，錢灃通知各商號，說借錢給府庫的趕快前來認領，否則銀兩一律充公。結果商人紛紛前來領銀。原來庫銀是從商鋪暫時借來充數的。國泰貪污庫銀二百萬兩的內幕終於被揭開了。在鐵一般的證據面前，和珅的通風報信、竭力營救皆未能奏效，國泰、于易簡都被處死了。

乾隆五十五年（西元一七九〇年），內閣學士尹壯圖請旨「密查虧空」。和珅很忌恨尹壯圖，生怕他的「密查虧空」之火會燒到自己頭上，於是決定整整他。和珅表面上要求乾隆派尹壯圖和戶部侍郎慶成同赴各地清查倉庫，暗中卻命令慶成監視和牽制尹壯圖。每到一地，慶成並不

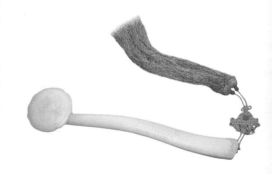

急於盤查，而是先拖延數日，令尹壯圖枯坐館舍，使其行動受到限制。事先得到消息的地方官吏，則趕緊東挪西借，暫時補足虧空，結果自然查不出任何漏洞。刑部以挾詐欺公、妄生異議罪判處尹壯圖死刑，最後還是乾隆帝免去了他的死罪。這使和珅貪財的氣焰更加囂張。

和珅不僅百般庇護各地的貪官污吏，而且更不容許正直官員觸及自己的管家。和珅的管家劉全恃強營私，陝西道監察御史曹錫寶「將論劾」。和珅接到黨羽的報告，急忙命劉全「毀其室，衣服、車馬有逾制，皆匿無

跡」。和珅在乾隆帝面前詭稱自己平時對家人管束甚嚴，如有此事，自己聽憑處置。於是，乾隆帝「遣官從錫寶至全家察視，無跡，錫寶自承冒昧」，最後曹錫寶受到了革職留任的處分。

由此可見，乾隆後期，儘管清廷誅戮了一大批包括總督、巡撫、布政使和按察使在內的貪官污吏，但官場的貪污聚斂之風未有絲毫的收斂。其重要原因之一就是從中央到地方的各級官吏需要籌集大量銀兩，透過進貢、接駕、祝壽、獻禮等方式，以滿足乾隆帝揮霍錢財、和珅貪得無厭的慾望。

和珅雖身為官場貪污之首，卻照樣升官。乾隆五十一年（西元一七八六年），三十六歲的和珅被任為文華殿大學士，官居一

粉彩八仙慶壽圖雲口瓶　清

清文廷寄　清
清代皇帝下發御旨有兩種：一為「明降」，由皇帝下達內閣，再發各衙門辦理，標「明發上御」；二為「廷寄」，內容機密，由一軍機大臣單承旨，不經內閣，直接發出。

品。古人云：「德勝才爲君子，才勝德爲小人。爲小人者未必無才。」現存的和珅的集子《喜樂堂詩集》中有不少詩是他對乾隆應制奉和之作。清代詩歌認爲，他的詩格律妥切，頗有佳句。在書畫方面，和珅也是一個行家。

另外，他不僅精通滿漢文，而且通曉蒙、藏文，並能用蒙、藏文爲乾隆帝擬詔書。他還掌握了鮮爲人知的西域秘咒，這在當時朝廷官員中是很少見的。他顯示了較強的處理政務的才能，還「善體聖心」，對皇帝的起居可謂體貼入微。每當上朝遇到乾隆咳嗽，身爲宰相的和珅當著文武大臣的面，爲這位老邁的皇帝手捧唾盂，這無疑是使他獲得寵信的重要因素。乾隆帝雖是一位英主，但他好大喜功、樂於巡遊、講究享受，還大興土木。這些都需要大把的錢，然而乾隆又不願意動用國庫。和珅爲此特設「密記處」，實行議罪銀制度，這樣地方大員就有了公然向皇帝行賄的名目。就是個別的大員並無過失，但想繼續升官的大員自然也走上向皇上獻財富的捷徑，這種制度有效地彌補了乾隆巨大開銷的缺額。和珅還熱中於辦貪污案子，但他處理貪污案並不是爲了整頓吏治，而是因爲這些被抄沒

萬國來朝　清　選自《臚歡薈景圖冊》

的家私可滿足乾隆揮霍之用。

為了討好乾隆，和珅借主管戶部和內務府之機，擴建圓明園和避暑山莊以供乾隆享樂，滿足他做快活天子的願望。每當朝鮮等國使臣來謁見乾隆帝時，和珅均為出納帝命之人，正如來華的朝鮮使臣所說：「閣老和珅，用事將二十年，威福由己，貪黷日甚，內而公卿，外而藩閫，皆出其門。納賄諂附者，多得清要。」

從小便對權力與金錢有著強烈慾望，並把它們作為人生目標的和珅，在得到乾隆恩寵，大權在握後，便開始把精力投入他人生的另一個目標的實現上。為了聚斂錢財，和珅不惜利用職權貪污、索賄、受賄，甚至巧立名目，造出議罪銀制度，真是絞盡腦汁、費盡心思。上自王公，下

至輿台，莫不側目唾罵。

內務府負責宮廷服用、食物、武裝守備等方面的事務。和珅作為內務府的負責官員，為了支付宮廷龐大的開銷，便以為皇帝、皇后、太子、公主等過生日為名，對各級官吏和富商進行大肆搜刮，和珅本人則藉機揩油。各地朝貢的禮品都得先經過和珅這一關，和珅私自侵吞了貢品的十之八九。他家所藏的一顆大珠比乾隆御用的冠頂還大。至於戶部、內務府的大宗錢財更是任其支用，幾乎無眛可查。乾隆對此

七珍珠寶 清

鼻煙壺 清

和珅

中國名人探秘

192

也從不過問。乾隆五十五年（西元一七九〇年），有一次和珅在宮門外遇見兵部尚書孫士毅，問他手中所持何物。孫出示了一個猶大如雀卵的明珠雕琢而成的鼻煙壺，和珅愛不釋手，要求孫轉贈給他。孫告訴他此壺早已奏聞皇帝。沒過幾天，孫進奉的那個壺就到了和珅手裡。原來，大凡大臣貢品，乾隆只收一二件，餘下的都被和珅佔有了，不透過和珅而直接進獻的貢品，和珅出入宮中也可以隨手取得。

和珅大權在握，官員們為了保住自己的地位爭相向和珅進貢。即便是例行公事，如不給賄賂，和珅也會故意刁難。至於升官，則更需以錢鋪路。在和珅那裡，大小官職都有定價，出多大

價做多大官，而且價碼越來越高。向和珅行賄的官員太多了，以至於出現了行賄無門的情況。有一個山西巡撫專程送二十萬兩白銀給和珅，不但未見到和珅的面，連管家的面也沒見到，僅見個門子就花了五千兩。外省的、京內的官員為了能與和珅見上一面，或者送完禮後要請托一些事情，經常在和珅從家中上公署必經的一條胡同裡徘徊。因為清朝官員的官服上都有繡著圖案的「補子」，這條胡同就獲得了「補子胡同」的雅號。

和珅利用攫取的驚人財富，過著「奢侈富麗擬於皇室」的腐朽生活。和珅吃膩了山珍海味，每天要服用上好的新鮮珍珠一粒。而這些珍珠都是各地達官顯

珅軍機大臣、九門提督的職務，讓其同死黨福長安晝夜守值殯殿，不得擅自出入。初八日，嘉慶帝下令革除和珅及福長安所有職務，將兩人逮捕入獄，並查抄其家產。十五日，嘉慶帝親自宣佈和珅二十大罪狀。十八日，欽賜和珅白練一條，令其自盡。和珅面對白練一條，寫下了四句絕命詩：

> 五十年來夢幻眞，
> 今朝撒手謝紅塵。
> 他時水泛含龍日，
> 認取香煙是後身。

按近人梁啓超先生的估計，和珅的全部家產大概有八億兩白銀之巨。當權二十年的和珅的家產竟比清政府十年收入的總和還要多，難怪這些查抄清單公開之後，人人瞠目，甚至當時在民間流傳起了「和珅跌倒，嘉慶吃飽」的諺語。

貴以每粒八千至二萬兩銀子不等的價格買來進貢給他的。和府男女的服飾皆輕裘錦繡，和珅有一件衣服，其鈕釦全是由精緻絕倫的西洋小鐘錶製成。和珅妻妾成群，她們之中有商人、下屬送給他的美女，有內廷中遣出的宮女，也有別人遺留下的侍妾。和珅宅第的富麗豪華，在京城權貴中是名列前茅的。

四、可悲的下場

和珅種種以權謀私、恃寵生驕的行爲，引起了嘉慶帝的極大不滿，但礙於乾隆帝之面，強爲容忍。嘉慶四年（西元一七九九年）正月初三，乾隆帝去世。第二天，嘉慶就削掉了和

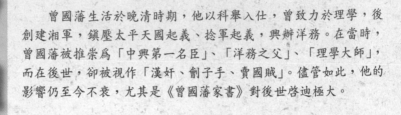

曾國藩

　　曾國藩生活於晚清時期，他以科舉入仕，曾致力於理學，後創建湘軍，鎮壓太平天國起義、捻軍起義，興辦洋務。在當時，曾國藩被推崇為「中興第一名臣」、「洋務之父」、「理學大師」，而在後世，卻被視作「漢奸、劊子手、賣國賊」。儘管如此，他的影響仍至今不衰，尤其是《曾國藩家書》對後世啟迪極大。

一、天資聰慧

　　曾國藩，原名子城，字伯涵，後改名國藩，號滌生。一八一一年十一月二十六日出生於湖南省湘鄉縣白楊坪的一個地主家庭。其父曾麟書，母江氏，共生有四女五男，曾國藩是長子。

　　據說，曾國藩出世生前的晚上，其曾祖父曾竟希夢見一條飛蟒自空而降，起初在其庭院左右盤旋，然後又進入內庭蹲踞很久。於是曾竟希從夢中驚醒。正當他琢磨夢的吉凶時，有人來報孫媳江氏生了個男嬰，該男嬰便是曾國藩。

　　十分巧合的是，曾國藩出生當日，曾家屋後長蒼藤，纏繞於樹；樹死而藤日益蒼翠繁茂，垂蔭一畝，為世罕見。其形狀與曾竟希所夢之巨蟒十分相似，曾國藩得志時，此藤便繁茂勃發，而當他失意時，此藤也萎衰不盛。

另外，曾國藩生有一身怪癬，終生不癒。怪癬發作時，痛癢難耐，曾國藩雙手抓搔，落「鱗」紛紛。

凡此種種怪異雜湊在一起，牽強附會，於是就有了曾國藩是巨蟒轉世的傳說。

曾國藩自七歲起便在父親曾麟書執教的私塾中讀書。二十歲時外出求學，先後在衡陽唐氏私塾和湘鄉漣濱書院求學。一八三三年，二十三歲的曾國藩參加科舉，中秀才。同年底，娶歐陽氏。

一八三四年，曾國藩又到湖南最高學府——長沙岳麓書院學習，師從歐陽厚鈞，接受完整的儒家教育，並深受湖南學風的薰陶。當年即考中舉人，遂於冬季起程赴京，準備參加來年的會試，不料在會試中落榜。回鄉後，曾國藩發憤苦讀史書，足不出戶近一年，為以後走上仕途和研究學術打下了基礎。一八三八年初，曾國藩再次進京趕考。皇天不負苦心人，他終於如願以償，中第三十八名進士。朝考得一等第二名，改為庶起士，入翰林院庶常館深造。一八四〇年庶起士散館，他是二等第十九名，授翰林院檢討。從此，曾國藩開始了他長達十二年的京官生涯。

二、幸運京官

一八四〇年至一八四七年間，曾國藩一直在翰林院詹事府擔任閒散文職。他充分利用這個機會，閱讀大量書籍，廣泛結交朋友，精心研究歷代王朝的典章制度和治國方略，尤其致力於理學，為他後來的升遷奠定了基礎。

開始的一段時間，曾國藩曾不論經、史、詩、文，樣樣都學。後來受唐鑒、倭仁的影響，開始專攻宋明程朱理學，成為一代理學大師。

唐鑒對曾國藩的一生行事、修身、做學問影響極大。曾國藩曾向唐鑒請教讀書、修身的妙訣。

唐鑒告訴他，讀書應當以《朱子全集》為宗；修身的最好辦法是記日記自我檢討。此後，曾國藩經常跟唐鑒一起研究學問，推究興衰治亂，學習程朱理學；他還把自己的日記拿給唐鑒檢查，找出檢討不深刻的地方，深挖病根。後在唐鑒的推薦下，曾國藩又拜訪倭仁。倭仁是唐鑒的弟子，也是當時著名的理學家。曾國藩同倭仁認識後，與其相處的時間比與唐鑒相處的時間還多。倭仁的教導與唐鑒一樣，只是在談內省和在實踐中比唐鑒更嚴格。

從此之後，曾國藩日讀《朱子全集》，按唐鑒、倭仁的「日課」去做，重在反省自己。

同時，曾國藩的仕途也是一帆風順。一八四〇年授翰院檢，一八四七年升內閣學士、禮部侍

郎，後遍任兵部、工部、刑部、吏部侍郎。從一八三八年中進士算起，十年中，曾國藩連躍十級，從七品升到了正二品。因此，他曾在給弟弟的信中十分得意地說：「湖南三十七歲至二品者，本朝尚無一人。」曾國藩如此飛黃騰達，原因很多，既與他本人學有專長有關，又離不開權臣穆彰阿的垂青。尤其是後者，更是至關重要。

　　穆彰阿，字了樸，號鶴舫，滿洲鑲藍旗人，任軍機大臣二十年之久，深受道光帝信任。一八三八年，曾國藩三上春闈，穆彰阿時為總裁，從此二人有了師生之誼。穆對曾的學問、文章和行事都大為讚賞。一八四三年，翰林散館大比，穆彰阿再次擔任總考官。試後，曾國藩拜會穆彰阿，並把自己的考卷謄清，呈送給他，於是曾國藩又取得了不錯的成績。穆彰阿對曾國藩關懷備至，有一次皇帝召見曾國藩，曾事先到穆府請教，結果穆彰阿設法讓曾國藩得知皇帝召見的內容。此後，曾國藩更加官運亨通。

　　曾國藩對穆彰阿的感激之情也非同一般。穆彰阿被罷官後，曾國藩每過其宅，都不免感慨一番。二十年後，曾國藩赴任直隸總督進京面君時，還專程拜訪穆彰阿。後來，曾國藩赴天津處理教案，因自己無機會進京，於是專門寫信令兒子曾紀澤前往穆宅，向穆彰阿的兒子薩廉致意。

三、手足情深

　　曾國藩雖為官京城，但常心繫家鄉，思念家親，尤其對兄弟姐妹，可謂手足情深。

　　在兄弟中，曾國藩居長。他有四個弟弟，從長到幼依次是國潢、國華、國荃、國葆。

　　國潢出生時，曾國藩年僅十歲，正是天真爛漫時，卻已經讀完五經，開始學寫文章。於是其父便笑著讓曾國藩以「兄弟怡怡」為題寫篇文章。曾國藩頷首答應，展紙研墨，很快成文。其父看罷，十分高興地說：「文中有至性語句，以後必能以孝友承家！」

私塾 清

一八三八年，曾國藩考中進士時，最小的弟弟國葆都已十一歲。這時，曾國藩更加努力地盡長兄的責任。在他看來，教導諸弟進步，不僅是同胞手足之情的體現，更是為盡到孝道所必須做的。

曾國藩在家時就曾輔導過國潢的功課，來京後曾國藩亦時常寫信督促。國華生性心高氣傲，經受不了挫折，稍有不順心，便牢騷滿腹。針對這種情況，曾國藩為他取字溫甫。國華十八歲時，正式過繼給叔父曾驥雲為嗣，但是曾國藩並沒有因此與這位弟弟疏遠。

在諸弟中，國荃是最聰穎好學的，五歲時便入私塾讀書，不到十歲便可作詩聯對。據說，國

拜訪圖　清　選自《姑蘇繁華圖卷》

荃九歲時，曾有一位先生出「君子保身」讓曾國藩的父親曾麟書來對。麟書對以「小人有母」，一旁的國荃則對以「帝乙歸妹」，被贊為神童。

一八四○年，曾麟書送曾國藩妻兒進京，國荃隨行，被曾國藩留京讀書。起初，國荃還算用心，但數月後便歸心似箭，經曾國藩一番勸說方留下來。但是後

孝經圖之三　清

來如此反覆幾次，曾國藩只好送國荃回去。起程之日，曾國藩親自相送，一程又一程，直到盧溝橋頭，甚是難捨。

對於姐妹們，曾國藩也十分掛念。那個時代的女人，即使生在富貴之家，也只能做個貴女、貴婦而已。所以，曾國藩希望自己的姐妹能嫁個耕讀之家，做個勤勞主婦、賢妻良母，平平安安地生活。

曾國藩有一個姐姐國蘭，三個妹妹國蕙、國芝、滿妹。其中滿妹十歲時夭折，曾國藩在〈滿妹碑誌〉中寫道：「她生而善謔，旁出捷警，諸昆弟姐妹並坐，雖黠者不能相勝，然歸於端靜，笑罕至矧。」這段追憶，表達了長兄對她的深切懷念。

而其他長大成人的三個姐妹出嫁後，在婆家的生活無一美滿。在京為官的曾國藩時常因她們那些瑣碎的事情而牽掛她們。

雖居高官，仍不失人之常情，這是曾國藩的可貴之處，因此才有了著名的《曾國藩家書》。

曾國藩朝服像｜清

四、創建湘軍

一八五一年一月，洪秀全在廣西桂平縣金田村發動了太平天國起義。經過兩年多的奮戰，起義軍從廣西進入湖南、湖北，勢如破竹，順長江而下，攻佔江西、安徽、江蘇。太平軍於一八五三年三月攻佔南京，隨即定都南京，改稱天京，建立了與清政府對立的革命政權。

然而，此時清朝的主要軍隊八旗兵和綠營兵都已衰敗不堪。清政府先後調集大批軍隊前往廣西、湖南鎮壓太平天國起義，結果紛紛潰敗。無奈之下，清政府只好起用地方武裝力量來協助官軍鎮壓太平天國起義。

一八五三年，太平軍進入湖南時，清政府便令兩湖督撫勸諭地方士紳興辦團練。此時，曾國藩因其母病逝在原籍守制。這年十月，曾國藩接到咸豐帝的上諭，要求其以在籍侍郎的身分協助張亮基「辦理本省團練鄉民」。

曾國藩隨即起程趕赴長沙，著手籌辦團練。

曾國藩到達長沙後，面對日漸惡化的軍事形勢，他心裡明白，八旗兵、綠營兵等正規軍力量根本抵擋不住太平軍的進攻，更不用說剿滅太平軍了，小股的團練也無濟於事。鑒於此，曾國藩認為必須從根本上著手，建立和訓練出一支組織嚴密並有強烈戰鬥意志和實戰能力的新的力量，才能維護君主的統治秩序。

清軍大砲

　　在長沙解圍之後，湖南巡撫張亮基從湘鄉等地調來了一千多名團丁，以加強長沙防守。曾國藩到達長沙後，將這一千多人分為左、中、右三營，由羅澤南統率中營，王統率右營，鄒壽璋統率左營，每日進行操練，這就是最初的湘軍。經過半年的招募擴充，至一八五三年八月，湘軍隊伍已發展到十營六千人。

　　與此同時，曾國藩鑒於太平軍在長江有一支龐大的水師，並控制著從武漢到南京的長江水域，因此想建立一支水師。恰好此時清政府有創建水師的計劃。於是曾國藩到了衡州以後，就著手創建水師。至一八五四年二月，湘軍水師建成。至此，經過整編後，湘軍擁有陸軍十營，共五千人，以塔齊布為諸將先鋒；水師五千人，以褚汝航為各營頭領；合計員弁、兵勇、伕役共一萬七千人。

　　湘軍的編制與八旗兵、綠營兵不同，是曾國藩效仿明代戚繼光所編練的戚家軍進行編制的。湘軍以營為基本單位，設營官一人，掌管五百兵勇；營下設四哨，哨下設八隊。對官兵採取層

層選拔的辦法，即大帥挑選統領，統領挑選營官，營官挑選哨弁。從而逐級加以牽制，全軍由曾國藩一人統率。在將士的選擇上，將官多以紳士與儒生為主，而且主要將領間大多是同鄉、同學、師生、親友關係。士兵以年輕力壯、樸實的平民為主。對士兵進行嚴格訓練。這樣，曾國藩便利用傳統宗法關係作為維繫湘軍的紐帶，組成了一支私人軍隊，成為太平軍的死敵。由於曾國藩殺人過多，因而被人稱為「曾剃刀」、「曾屠戶」。

五、鎮壓起義

一八五四年，湘軍建成，曾國藩發佈〈討粵匪檄〉，率湘軍東征。曾國藩在兩湖地區與太平軍展開了戰鬥。一八五四年三月，戰鬥主要在岳州一帶進行，

結果湘軍大敗，太平軍乘勝攻佔了湘潭。

曾國藩率水軍想奪回湘潭，結果再敗。曾國藩羞憤交加，投水自殺，為部下所救。太平軍傷亡也很大，於是退去。曾國藩率領湘軍休整三個月後，又重新奪回岳州。

一八五五年，風雲突變。本來在此前湘軍已在水軍上取得很大優勢。可是此時太平天國派石達開進行西征。石達開率軍夜襲

九江湘軍水師，燒毀湘軍戰船多艘，並俘獲曾國藩的座船。曾國藩再次投水，被人救起送至羅澤南營中。

天京事變後，太平天國由盛轉衰，形勢急轉直下。曾國藩乘機反攻，於一八五六年十二月攻陷武昌。一八五九年，曾國藩開始把攻取安慶作為湘軍的戰略重點。曾國藩對進攻安慶採取了圍城打援的策略。他採取穩紮穩打、步步為營的戰術，決定先取安徽，再及於江、浙。

經過長期圍困，一八六一年九月，湘軍曾國荃部大敗太平天國英王陳玉成部。陳玉成戰死，安慶被攻陷。

同年，咸豐帝病逝。十月，慈禧太后與恭親王奕訢發動「辛酉政變」，奪得最高統治權。為了盡快撲滅太平天國等起義，一八六二年，慈禧任命曾國藩為兩江總督，加協辦大學士銜。曾國藩於是加緊了對蘇南、浙江的進攻。在他的支援下，曾國荃部包圍了天京。

一八六四年七月十九日，曾

國荃攻陷天京，並縱兵對天京大肆燒殺搶掠。天京陷落意味著太平天國起義的失敗。

清廷得知後，論功行賞，對一百二十餘位在攻佔南京中有功的湘軍人員大加嘉獎。當然，對曾氏兄弟尤其嘉獎。曾國藩賞加太子太保銜，封一等侯爵，並賞戴雙眼花翎；曾國荃加太子少保銜，封一等伯爵，並賞戴雙眼花翎。

曾國藩此時可謂權傾一時，尤其是曾國荃進兵雨花台後，湘軍人數達十餘萬。所謂功高震主，此時，以慈禧為首的清廷對曾國藩的態度便有所改變。曾國藩畢竟是一位飽讀經書、深諳歷史的人，他意識到要保全性命，只有退讓。於是曾國藩上書請求裁撤湘軍，還代曾國荃奏請回老家養病。幾天後，清廷批准了曾國藩的奏請，對曾國藩也就放心了。曾國藩於一八六四年十月設兩江總督衙門於英王陳玉成府內，正式任兩江總督。

太平天國失敗後，其餘部眾如賴文光等仍然轉戰各地，並與張宗禹的捻軍相會合，對部隊進行整編，形成了新捻軍。一八六五年五月，在山東荷澤西北高樓寨，新捻軍將圍剿捻軍多年的僧格林沁擊斃，並殲滅其所屬部眾七千餘人。清廷大驚，急忙宣召曾國藩，命他以欽差大臣身分督師剿捻。曾國藩根據捻軍流動作戰、行蹤不定的特點，

僧格林沁舊照 · 清

捻軍螺號 · 清

捻軍使用過的兵器

動挨打的狀態。一八六六年九、十月間，捻軍兩度攻破清軍河防。曾國藩自認「剿捻無功」，於是奏請開缺協辦大學士、兩江總督，「剿捻」一事由清廷另派欽差大臣接替。於是清廷命他南返仍任兩江總督，以李鴻章來接替曾國藩繼續鎮壓捻軍。

決定採取重點設防、堅壁清野、畫河圈圍的對策。他坐鎮徐州，並在臨淮、周口、濟寧等地駐防重兵，進行堵截，重點圍攻；另外派遣精銳馬隊跟蹤追擊捻軍。但是，捻軍兵分東西兩支，往來穿插，縱橫馳騁，清軍仍處於被

六、洋務之父

十九世紀六〇年代到九〇年代，以學習西方和「求強」、「求富」爲旗號的洋務派進行了內容繁多的洋務活動，如創辦軍事工業，興辦軍事學校，開辦民用工業、新式學堂等。雖然曾國藩進行的洋務活動不如李鴻章、左宗棠多，但是曾國藩卻是最早進行洋務運動的，所以被人稱作中國「洋務之父」、「近代化之父」。

清廷在兩次鴉片戰爭中慘敗，國事日非。曾國藩憂心忡忡，他意識到中國要自強禦敵，必須船堅炮利，而要船堅炮利非辦洋務不可。在一八六〇年十二月十九日的奏稿中，曾國藩說道：「目前資夷力以助剿，得舒一時之憂。將來師夷智以造炮、船，尤可期永遠之利。」此時，曾國藩已經喊出了興辦洋務的第一聲。

在洋務運動期間，共創辦過二十多個軍事工廠，而其中最早的就是曾國藩創辦的安慶軍械所。一八六一年，曾國藩攻陷安慶後，便創辦了安慶軍械所，製造洋槍洋炮。由此，曾國藩成爲洋務運動的領袖。

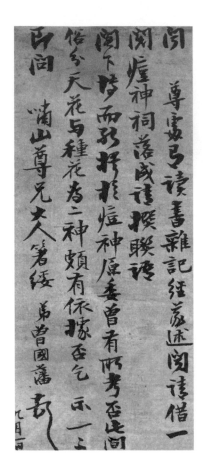

曾國藩並不滿足於製造槍炮。在他的支援下，一八六四年初，徐壽、華衡芳等人在安慶軍械所製造了中國第一艘木質輪船「黃鵠」號。曾國藩十分高興，計劃「以次放大續造多隻」。

攻陷天京後，曾國藩把安慶軍械所遷到南京，但是沒來得及開辦。

一八六五年，容閎從美國買回機器，曾國藩與李鴻章在上海共同創辦了洋務運動中規模最大的軍事企業之一——江南製造總局。

除了這些之外，曾國藩還創辦了翻譯機構和兵工學校，以培養機械製造方面的工程技術人才。一八七一年，曾國藩還與李鴻章聯名奏請派幼童赴美留學，其中包括詹天佑。這對中國以後派遣留學生產生了積極影響。

雖然曾國藩的洋務活動不是很多，時間也不長，但是他卻是創始者與帶頭人，所以，他在近代中國洋務運動史上佔有重要地位。

七、抑鬱而亡

曾國藩多年以來，視力微弱，常患暈眩之症。剿捻無功而回，任兩江總督之後諸事棘手，心情沮喪，憂思過度，身體愈衰。一八六九年，曾國藩又北上出任直隸總督，日理萬機，更加勞累過度。一八七〇年，他的右眼失明，更是雪上加霜。可是就在此時又發生了天津教案。

一八六〇年，《北京條約》簽訂後，法國天主教士在天津望海樓修建教堂，爲顯示其「慈善」、「文明」，還開辦了「仁慈堂」，收養棄嬰和孤兒。但是，該堂自在一八七〇年起就不斷地發生嬰兒失蹤、死亡等事件。於是天津百姓與法國天主教發生衝

突，打死了法國傳教士豐大業等二十多人，並焚毀教堂等外國駐華機構，這就是天津教案，此事件完全是法國傳教士借傳教之名欺壓中國百姓所致。

案發後，列強向清廷抗議，並集結軍艦示威。清廷於是派曾國藩處理此案。曾國藩屈於列強壓力，完全滿足了法國侵略者的要求，任意逮捕八十餘名無辜群眾，重刑逼供，還決定由清廷派三口通商大臣崇厚去法國道歉。一時間，全國輿論譁然，朝野皆指責曾國藩是漢奸、賣國賊。

其實，曾國藩完全是按清廷的指示去處理，而此時卻成為代罪羔羊。這令曾國藩深感難堪，倍加寒心。

一八七〇年冬季，曾國藩在一片咒罵聲中離開北京，回到南京，第三次就任兩江總督。由於重病纏身，加上長期的精神抑鬱，一八七二年三月十二日，曾國藩病逝於兩江總督衙門。

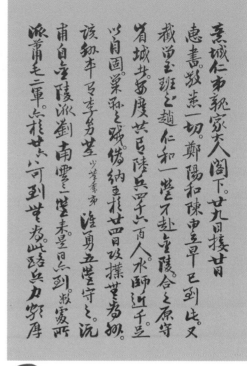

曾國藩坐像

朝廷得知曾國藩病死任上，逾輟朝三月，追贈他為太傅，諡以文正，准入京城昭忠寺、賢良寺，並在原籍、南京等地建立專祠，將其生平事蹟宣付國史館，給予他漢族大臣中最高的禮遇。

左宗棠

左宗棠，湖南省湘陽縣人。他自幼隨祖父和父親學習儒家經傳，十九歲求學於湖南名儒賀熙齡，一年後鄉試中榜，後投身仕途，官居兵部郎中、閩浙總督、兩江總督等職。他嚴守禦「外患」與除「內憂」的忠君愛民思想，精心求學，積極探求「上慰宸辰，下安百姓，振刷綱紀，濟時匡世」的途徑，先後參與和指揮了圍剿太平軍、陝甘捻軍及收復新疆等戰役，並推動了洋務運動在中國的發展。在他的一生中，既有精忠報國、抵禦外侮的積極一面，又有鎮壓平民運動的消極一面。但無論如何，他都應該是中國近代史上一位傑出的人物。

一、初涉宦海

左宗棠，嘉慶十七年（西元一八一二年）十月初七出生於湖南湘陽左家一個傳統讀書人家庭。他四歲起在家讀書，道光十二年（西元一八三二年）參加本省鄉試，與其兄一同中榜。中榜後不久，他與湘潭一位叫周詒端的富家小姐成婚。此時的左宗棠年輕氣盛，志向遠大，以為仕途之門已經打開。道光十三年（西元一八三三年），胸懷治國抱負的左宗棠離家赴京，參加全國會試。會試定在時年三月初九、十二和十五。由於左宗棠的求學精力大多用於鑽研經世致用之學，因而他在僵化的八股考試中難以展示才華。三天考試完畢，左宗棠不幸落榜。此後左宗棠又參加了二次會

考，結果仍是名落孫山。連續遭受打擊的左宗棠陷入了苦悶之中，為抒發胸中的鬱悶，他寫下了一系列的詩歌，其中「學之為利我何有」、「蠶已過眠應做繭」等句充分表明了他孤獨惆悵的心境。

科考失敗的左宗棠開始潛心研究學問，他以「匡時濟世」為求學目標，研讀了大量軍事及地理學方面的書籍。道光十八年（西元一八三八年），一心求學報國的左宗棠帶著懷才不遇的心情來到安化小淹兩江總督陶澍家中教學。

在這期間直到出山的十幾年時間裡，左宗棠的智謀和學問得以大量積累，他在地理學、農學、經濟學以及邊防和對外關係等方面的研究逐漸達到高峰。他完善並重新繪製了大清地圖，抄錄了《畿輔通志》、《西域圖志》及各省通志，撰寫了《廣區田圖說》，所有這些成就都為他後來的治軍治民之道打下了堅實的基礎。

在左宗棠蟄伏的十幾年裡，賞識他才幹的胡林翼、陶澍、林則徐等官員一直沒有停止對他的推薦與關注。首先擔起薦才重任的是後任湖北巡撫的胡林翼。

最初胡林翼將左宗棠薦給陶澍。後來林則徐在雲貴做總督時，已做貴州知府的胡林翼又將其介紹給林則徐。林則徐對左宗棠的學識早有所聞，便邀其入府謀事，可惜左宗棠那時已受聘於陶家，未能成行。第三次胡林翼又將左宗棠推薦給湖廣總督程采，但未被錄用。之後胡林翼又

胡林翼死於湖北武昌。這時的左宗棠已在對太平軍的戰鬥中屢立戰功，頗受清廷重用。聞此噩耗，他悲痛萬分，在祭文中寫道：「自公之亡，無與爲善。孰拯我窮？孰救我偏？我憂何訴？我喜何告？我苦何憐？我死何弔？伯樂走了，得伯樂舉薦者正如日中天。」

二、南征北戰

左宗棠卓越的軍事才能在其進入張言基帳下不久便得以發揮。

那時太平軍正圍困長沙，左宗棠作爲張言基的主要幕僚，提出了許多實用有效的建議，幫助張言基與太平軍周旋。在長沙情況越來越危急之時，左宗棠又獻上了「河西合圍」之計，意在圍困和殲滅圍城的太平軍將士。太

多次向朝廷舉薦。直到咸豐二年（西元一八五二年），左宗棠接受湖南巡撫張言基的禮聘，成爲其帳中謀士。

這可算是左宗棠正式踏入仕途的第一步。這一年他已年滿三十七歲，可謂大器晚成。而胡林翼作爲一名傳統時代的官員，能愛才如斯，實難得也。

咸豐十一年（西元一八六一年）八月二十六日，五十二歲的

無左宗棠。」由此可見此時左宗棠在清朝廷中的重要地位。

　　但接下來發生的事情又讓左宗棠始料未及，深感「世網之險」。咸豐六年（西元一八五六年），他忽然被湖廣總督奏劾，境遇十分危險。後經胡林翼、曾國藩等人的幫助方倖免於難。再次遭受挫折的左宗棠一時心灰意冷，卻不料因禍得福。咸豐十年（西元一八六〇年）六月，他奉詔命以四品京堂從曾國藩治軍，開始招募「楚軍」，即後來的左系湘軍。左宗棠人生路上一次重大的轉機到來了。

　　「楚軍」組建伊始，便同太平軍幾度交手，戰績也還不錯，聲望一時大增。咸豐十一年（西元一八六一年）十一月左宗棠被舉薦，接替自縊身亡的王有齡就任浙江巡撫，收拾杭州被太平軍攻佔後的浙江殘局。

　　這時的左宗棠已成為擁兵自重、名聲顯赫的一方重

平軍北上後，左宗棠又幫助張言基訓練兵丁，整飭吏治，深得張言基的信賴。

　　在這之後的幾年裡，左宗棠的政治活動主要侷限在湖南。當時湘軍主力出省鎮壓太平軍，湖南東部常常受到各地起義軍的衝擊。面對這種形勢，左宗棠盡力為征戰的湘軍籌辦糧餉、船炮、軍械的同時，還要設法同來自各方的起義軍周旋。他的卓越才幹終於被清廷認可，就連清廷重臣潘祖蔭也說：「國家不可一日無湖南，湖南不可一日

213

臣，與在別人帳下當幕僚時自不可同日而語。挾楚軍初戰之餘威，左宗棠驅兵江浙，充分利用太平軍的內亂，在同治三年（西元一八六四年）佔領杭州及餘杭，這一年曾國藩的湘軍也攻下天京，轟轟烈烈的太平天國運動就此被鎮壓下去。左宗棠用太平軍將士的鮮血染紅了自己的頂戴，確立了晚清一代名將的地位。

功成名就的左宗棠第二次征戰的戰場在陝甘，征戰的對象爲捻軍和回民起義軍。

捻軍是與太平軍同時代興起的一股活躍在北方各省的起義軍。太平軍起義失敗後，捻軍首領張宗禹、任化邦與太平軍餘部賴文光聯合抗清，組成了一支以復興天國抗清大業爲目標的新捻軍。新捻軍兵分兩路：以賴文光餘部爲主組成的一路爲「東捻」，而以張宗禹爲首，活動在陝西一帶的稱爲「西捻」。左宗棠受命征討的即是「西捻」。

率兵入陝後，左宗棠首先研究了捻軍的作戰特點，然後兵分兩路，渡渭水而下，準備大舉進攻。令左宗棠想不到的是，西捻軍此時卻主動讓出了涇水西岸地區，轉而西進涇陽、咸陽，渡過涇水，在蒲城一帶集中。得到消息的左宗棠連忙調整兵力，並親自趕到涇

西，佈置好兵力，想將西捻軍一舉殲於涇水。在涇水岸邊，左宗棠認定捻軍「西不能過潼關，北不肯竄北口，非從西路折向東南，別無去路」。於是確定了縮小包圍、「就地了之」的計劃。不料西捻軍突然以騎兵猛攻渭北，突破包圍，進入陝北，並連克安塞、延川等城。與此同時，與西捻軍遙相呼應的回民起義軍也乘勢攻下綏德。接連遭受打擊的清廷一時震怒，左宗棠也不得不承認捻軍「飄忽馳騁，避實就虛」，「遇官軍見不可撼，則望風遠行，瞬息數十里；俟官軍追及，則又盤旋回折」的作戰方針實在難以對付。西捻軍的勝利讓左宗棠真正體會到了失敗的滋味。

遭到重創的左宗棠開始反思自己的作戰方略。他和平定東捻軍後趕回的李鴻章一起，找到了西捻軍沒有戰略根據地、難以持久作戰的弱點。於是一改以往緊跟追擊的笨辦法，轉而採用「畫河圈地」、逐步縮小包圍的策略，慢慢奪回戰爭的主動權。

新的戰爭策略很快見到了效果，同治七年（西元一八六八年）六月，以張宗禹為首的西捻軍被清軍封鎖在冀、魯邊界沿海的狹小地帶，最終全軍覆沒，轉戰中國北方各省的捻軍起義宣告失

敗。而得勝之後的左宗棠又揮師西下，乘勢鎮壓、招撫了西北的回民起義軍。困擾清廷多年的幾大「內憂」在左宗棠等人的連年征戰中終於被消除，左宗棠也因戰功卓著被賞賜加協辦大學士銜，後又晉為東閣大學士。而與此相對應的是，中國的大部分地區出現了「千里荒蕪，彌望白骨莫茅，炊煙斷絕」的悲涼景象。這種結果出現的原因固然是多方面的，但身為災難製造者之一的左宗棠也絕對脫不了關係。

三、操辦洋務

作為中國早期洋務運動的代表之一的左宗棠操辦洋務的第一個大專案就是創立福州船政局。

早在浙江就任巡撫時，左宗棠就對西洋的器物產生了興趣。清軍攻佔杭州後，他專門派人仿造過輪船，可惜沒有成功。在第二次鴉片戰爭後，他很早就萌發的洋務思想得到了進一步的發展。在反覆思考中國在鴉片戰爭中失敗的原因後，他第一次提出

學習和仿造近代輪船及火炮，並建議將此定爲長遠國策。鎮壓太平天國運動後，他本著加強海防、抵禦外侮的目的，開始籌備福州船政局。他的這一想法提出來後，立刻招來一片反對聲，就連洋務派內部也出現了分歧。李鴻章就認爲造船費用比買船還高，因而主張在外國訂造。另外，造船的諸多困難也被一一提及，如船廠擇地之難，外國師匠邀約之難，籌集巨款之難等。面對反對之聲，左宗棠除力陳雇船、買船受洋人欺侮的事實外，還就人們所提之難分別進行了回答，以消除大家疑慮。在他的全力爭取下，同治五年（西元一八六六年）六月三日，皇上發佈「試造火輪船隻是當今應辦急務」的上諭，令左宗棠設廠造船。

船廠的建造工作開始了，左宗棠汲取了上次杭州造船的失敗教訓，專門聘請德克碑和日意格兩個外國人代爲監製。在日意格的幫助下，船廠選在馬尾山下。接著他們商定了設局、建廠、造船、駕駛、經費、期限等事項，由日意格請法國總領事白來尼畫押擔保。於是，日意格、德克碑正式成爲福州船政局的負責人，船廠一切事務均由二人承辦。在他們的參與下，船廠還訂出了五年中製成一百五十匹馬力的大輪船十一艘、八十匹馬力小輪船五艘的宏偉計劃。福州船務局的前途呈現出一片光明。

可就在這個緊要關頭，北方的捻軍日益強大起來，皇上忽然調左宗棠任陝甘總督，命他前往西北征剿捻軍。臨行之前，左宗棠一面加緊佈置船廠的有關事宜，一面反覆權衡船廠的接辦人選。

經反覆比較，他推薦當時正閒置在家的前江西巡撫沈葆楨擔任總理船政大臣。一切安頓妥當，左宗棠赴陝就任。船廠的日常工作交由沈葆楨管理，而左宗棠則遙控指揮。在他們的共同操持下，福州船政局的生產規模不斷壯大。到光緒三十三年（西元一九〇七年）船廠因各種原因停辦時，已先後成船三十四艘，其中爲南洋海軍建造的三艘二千四

百馬力巡海快船，是當時中國自己製造的最大軍艦。福州船政局以其在特定歷史環境下生存發展以至停辦的經歷，成為當時洋務運動的一個縮影，具有一定的典型意義。

離開福州就任陝甘總督後，左宗棠一面加緊清剿起義軍，一面把他的洋務思想也帶了過來。

到西北之初，他就創辦了蘭州製造局。蘭州製造局是官辦的近代軍事工業，主要仿造一些鐵槍鐵炮、後膛槍炮等。最初的目的是為鎮壓起義軍生產武器，但在後來摧毀阿古柏統治、收復新疆的戰爭中，這些武器也讓一些民族敗類和洋人膽寒。可惜隨著伊犁的收回，蘭州製造局在光緒八年（西元一八八二年）停辦。這對於中國早期的軍事製造業來講，是個巨大的損失。

創建蘭州製造局的同時，左宗棠還在西北創建蘭州織呢局，引進機器治涇，籌備採購機器經費。他的這些行為使甘肅這個偏遠的地區較早地發展起來了一些近代工業。

可惜的是，左宗棠的這些工作全都以失敗告終，但可以肯定的是，這不能全怪他。

四、收復新疆

收復新疆是左宗棠晚年的一大壯舉，也是他人生樂章中最為輝煌的一篇。

同治四年（西元一八六五年）初，中亞浩罕汗國軍官阿古柏勾結幾個民族敗類侵入新疆南部的喀什噶爾、英吉沙、莎車、和田、阿克蘇、庫車和喀喇沙爾等城，宣佈成立「哲德沙爾國」，自稱「巴達吾來特阿孜」（意為洪福之王）。接著，對新疆垂涎已久的英、俄兩國也藉機加緊步伐，更加明目張膽地尋求自己在這一地區的利益。

西部邊陲出現危機的消息傳到北京，朝中一片大亂，因當時中國東部海防也正吃緊，便出現了要塞防還是要海防的爭論。以李鴻章為代表的一些重臣主張放棄新疆，把西征之餉作為東南海防之用。此時的左宗棠已年近花甲，但他憑藉高度的民族責任

感，毅然站了出來，反對放棄新疆。

在朝廷關於西北邊防問題的討論中，左宗棠全面闡述了他對這一問題的看法。他認為中國的國防是一個整體，海防和塞防互為表裡，缺一不可。他駁斥了李鴻章把西餉用於海防的謬話，並強調塞防現在情況緊急，應優於海防，大力增加經費才對。與此同時，左宗棠還從新疆戰略地位的重要性出發，指出了失去新疆後的嚴重後果。

聽了他的慷慨陳詞，清廷最終決定收復新疆。而征戰新疆的重任，自然也就落在了膽識、魄力和信心俱佳的左宗棠身上。光緒元年（西

清 新疆鐵鐘

元一八七五年）三月，左宗棠被詔命為督辦新疆軍務的欽差大臣。第二年二月十六日，準備已久的左宗棠拔寨蘭州。同年五月，從各地調撥的近一百營，約五、六萬人的隊伍聚齊在蘭州。

在左宗棠的作戰計劃中，首先要拿下烏魯木齊，接著收復除伊犁以外的新疆北部，最後乘勝南下，一舉收復全新疆。按照這一部署，光緒二年（西元一八七六年）六月，左宗棠麾下劉錦棠及金順部進駐阜康，並從那裡出發，先後收復了烏魯木齊、昌吉、呼圖壁及瑪納斯等城，清軍初戰告捷。

這一戰役勝利結束之後，清軍士氣大振。可就在這時，英國卻以調停人的身分站了出來，稱阿古柏願與中國和解，可作為屬國，不必朝貢。左宗棠聽到這一荒謬主張，立即予以駁斥，他揭

穿了阿古柏「只請爲屬國，免除朝貢，隻字不提歸我故土」的險惡用心，並稱南疆「地不可棄，兵不可停」。南疆的收復之戰提上了議事日程。

光緒三年（西元一八五七年）二月，收復南疆的第二戰役正式打響。僅僅幾個月時間，左宗棠的軍隊便攻克了除俄國佔領的伊犁之外的南疆所有重鎮，新疆又重新回到祖國懷抱。

以後的左宗棠又投入了武力於收復伊犁的準備之中。後由於各種原因，他征戰伊犁的夙願未

能實現。但正是有了他早期軍事準備的威懾，清廷與沙俄就伊犁問題的談判最後才得以達成公正的協定。從這點上來說，左宗棠在伊犁回歸中國過程中所發揮的作用同樣是不可低估的。

至此，左宗棠作爲一名傳統官員，基本完成了他一生中的大業。此後，他雖然也偶有閃光之作，但相比起來，再沒如此輝煌過。

光緒十一年（西元一八六五年），清廷不顧全國的反對之聲，同法國簽訂了喪權辱國的「中法新約」。左宗棠聞此消息，肝火上升，憤鬱焦煩，病情逐日加重。同年七月二十七日，悲憤交加的左宗棠不幸死於福州，一代名將就此殞滅。

洪秀全

洪秀全，原名仁坤，廣東花縣人，是中國君主社會末年傑出的平民領袖。他透過創立拜上帝教，發動金田起義，建立太平天國，並定都天京，掀起了一場轟轟烈烈的平民運動。後來因內部衝突爆發了「天京事變」，太平天國的力量因此大為削弱。在清廷和外國侵略者的聯合鎮壓下，洪秀全兵敗身亡。

一、創立拜上帝教

清康熙年間（西元一六六二年～一七二二年），洪秀全的五世祖從廣東嘉應州遷到花縣官祿。到洪秀全的父親洪鏡揚時，經歷四世，家族繁榮。洪秀全自幼聰明，七歲能熟讀「四書五經」，但在科舉考場上始終不得志。大約從十五、六歲起到三十一歲的十幾年間，他多次應考，但從未中過秀才。由於屢試不中，頗受刺激。一八四三年，在應試落第後，他閱讀了一本基督教佈道書《勸世良言》，將書中內容和六年前一次大病中的幻覺對照，以為幻覺中所見老者即上帝，自己即上帝派來拯救中國以使人們回到信拜上帝之路的使者，並按書中所說，自行施洗。

一八四四年，洪秀全和他的好友馮雲山以極大的熱忱離開本鄉去外縣和廣西傳教，宣傳拜上帝、不拜仙佛邪神的道理。在廣西潯州府貴縣賜穀村，他們停留了幾個月，發展信徒百餘人。洪秀全於當年冬返回廣東，馮雲山獨自一人到桂平縣，輾轉進入

廣西桂平縣大湟江口口石頭腳洪秀全行營陳家祠舊址　清

太平救世歌　清

紫荊山，在那裡做工、傳教、教書。洪秀全回家後，在短短兩年中，撰寫了〈百止歌〉、〈原道救世歌〉、〈原道醒世訓〉等多篇作品，譴責當時社會的腐敗、墮落，要人們淨化思想、信拜上帝，以重現古代「天下為公」的盛世。一八四七年春，洪秀全到廣州美國傳教士羅孝全的教堂學道，讀新、舊約聖經，並申請加入教會，但因山試不合要求未能如願。

一八四七年八月，洪秀全重回廣西，在紫荊山見到了馮雲山。馮雲山這幾年一直在桂平縣紫荊山內大沖

曾家當塾師，同時向周圍人民宣傳拜上帝。在他堅持不懈的努力下，已經形成了一個稱為「拜上帝會」的團體。洪秀全聽後大喜，常親自向新信徒講道。拜上帝會得到進一步發展，信徒人數已達到兩千多人，遍及桂平、平南、武宣、貴縣、象州、博白等許多縣。雖然馮雲山是團體的創建者，但馮雲山拜上帝的信仰得自洪秀全，「洪先生」的名聲在團體中早已眾所周知，因而洪秀全到廣西後立即成為權威的教主。

洪秀全到紫荊山後，曾和馮雲山等遠

征象州，搗毀當地的甘王廟，還進行了其他搗毀偶像的活動。這些行動激發了拜上帝會信徒的信心，同時也引起了本地傳統勢力的仇視。

紫荊山秀才王作新曾帶團練拘捕馮雲山，後被拜上帝會的群眾奮力搶回。逐漸地出現了拜上帝會與官府和地方團練對壘的局面。一八四八年四月，發生了楊秀清借上帝附體代天父發言的事，接著半年後，又發生蕭朝貴借耶穌附體代天兄發言的事。這兩件事使拜上帝會內部的形勢發生了變化。洪秀全以教主的身分承認楊、蕭可以代天父上帝、天兄耶穌發言。自此，楊、蕭在會內地位日升，從而使洪、馮，特別是馮的地位受到削弱。楊秀清、蕭朝貴都是紫荊山人，有豐富的社會閱歷和出色的組織才能。他們兩人，連同紫荊山麓金田村的韋昌輝和貴縣那幫村的石達開，與洪秀全、馮雲山逐漸形成了一個領導集團。

一八五○年春，洪秀全等決定發動起義，在紫荊山連續舉行了拜上帝會主要份子的會

議，共商起義大計。其間洪秀全曾身穿黃袍，這意味著太平天國起義從一開始就以推翻清朝統治為目標。

五月，洪秀全派人去廣東接家屬來廣西，接著就通知各地會眾到金田集中，發動起義。在此之前，楊秀清、韋昌輝、蕭朝貴等分別在紫荊山區各處開爐製造武器，石達開也在白沙圩地帶開爐製造槍炮。七月，洪秀全下達「團營」命令。此後的四、五個月內，來自貴縣、平南、象州、陸川、博白等地數以千計的會眾，扶老攜幼舉家奔赴金田。

金田「團營」期間，洪秀全等人一面將各地聚集來的會眾編成軍隊，一面加緊操練活動。練兵

活動主要由石達開全權負責。爲了嚴肅軍紀、增強戰鬥力，洪秀全制定並頒佈了〈太平條規〉，以約束起義士兵。一八五一年一月十一日，這天正好是洪秀全三十八歲生日，他們在金田宣佈起義，建立太平天國國號，洪秀全稱天王。從此一個新興的平民政權正式誕生。

二、攻陷天京

　　建號太平天國的第三天，即道光三十年（西元一八五○年）十二月十二日，洪秀全率領太平軍離開金田，沿大湟江東下，攻佔距金田二十餘里的商業重鎮江口圩。江口圩交通方便，物產豐富，活動腹地大，便於轉移。太平軍在江口圩休整後，滿懷信心迎接新的戰鬥。滁州、梧州，包括江口圩歷來是天地會活動的中心。太平軍崛起後，大地會眾紛紛加入太平軍，太平軍力量得到

了壯大。太平軍在江口圩待了兩個月。由於清軍將領李星沅、周鳳岐、向榮等對太平軍進行包圍，二月八日，太平軍勝利進佔武宣東鄉。在東鄉，太平軍休整了幾天。二月二十一日，洪秀全在東鄉正式登基稱天王，並加封五軍主將：楊秀清爲左輔正軍師，領中軍主將；蕭朝貴爲右弼又正軍師，領前軍主將；馮雲山爲前導副軍師，領後軍主將；韋昌輝爲後護又副軍師，領右軍主將；石達開爲左軍主將。五軍主將分別統領一軍。閏八月七日，太平軍進駐永安，洪秀全開始進行政權建設。十月二十五日，洪秀全以天王名義下詔，分封楊、蕭、馮、韋、石五人爲東、西、南、北、翼王，以東王楊秀清總理軍政，箝制其餘四王。經過在廣西、湖南、湖北等地兩年多的戰

天父總是爺也今特褒封左輔正軍師為東王管治東方各國褒封右弼又正軍師為西王管治南方各國襄封前導副軍師為南王管治北方各國又襄封後護又副軍師為北王管治北方各國又襄封達胞為翼王羽翼天朝以上所封各王俱受東王節制另詔后宮稱娘貴妃稱王娘並欽此王子正月二十七日時在武昌詔令清胞貴姝夫山胞正胞達胞暨各軍各頭領

門，馮雲山、蕭朝貴先後陣亡，太平軍攻佔了武昌。在武昌，太平軍再次面臨著新的戰略抉擇，為此洪秀全及太平天國的將領們展開了熱烈討論。楊秀清認為「江浙財富之區」應沿長江東下，直取南京。最後為了統一思想，便再次「代天父傳言」，決定攻佔南京。

咸豐三年（西元一八五三年）正月初二，太平軍將士七萬多人，連同家屬約二十餘萬人離開武昌城。胡以晃、李開芳、林鳳祥帶陸路之兵，東王、北王、翼王、天官丞相以及羅大綱、賴漢英等率領水軍浩浩蕩蕩，順江而下，直奔九江。清軍將領向榮帶領清軍一路追擊，但等他趕到武昌，太

平軍已乘戰船揚帆而下，攻佔黃州。他見尾追不成，便走直路經大沽、光國，想在九江截住太平軍。正月八日，向榮率軍趕到瑞昌，誰知欽差大臣陸建瀛和江西巡撫張芾對向榮的計劃不感興趣，他們將截擊太平軍的地點定在下巢湖。向榮在九江堵截太平軍的計劃破滅了。太平軍進軍神速，就在向榮抵達瑞昌的同時，太平軍已攻克黃石、蘄州，於半夜駛近下巢湖。下巢湖一帶雖有陸建瀛、張芾等人的清兵六千多人，但既未認真備戰，又無險可守，因而在太平軍水陸兩軍夾攻之下，清軍大敗。一夜之間，清軍從九江至武昌的防線全部崩潰，太平軍暢通無阻地進駐九江，清軍設在長江上的第一道防線崩潰了。

太平軍在九江稍事休整，便

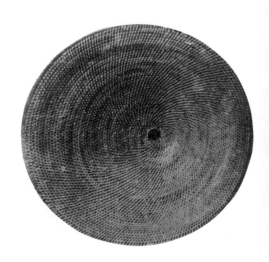

整軍出發，向安慶進軍。很快就攻取彭澤，兵鋒直指安徽按察使張熙宇守衛的小孤山。張自知兵單力薄，士氣低落，不敢拒敵，退到桐城縣。太平軍佔領小孤山、宿松等地，完成了對安慶的包圍。安慶守軍見情勢不妙，爭相逃命。太平軍攻克安慶，繳獲了大量武器彈藥，爲進軍南京奠定了物質基礎。

接下來就是攻取南京了。太平軍以最快的速度將南京城層層圍住，洪秀全命令以穴地攻城爲進攻的主要手段。不久，儀鳳門外通往城內的地道即將挖成。爲配合總攻，太平軍繼續用驚擾戰術，時而派小隊人馬在城外搖旗吶喊，時而小規模炮擊城內。清軍不知虛實，以重炮還擊，消耗了大量彈藥。清軍晝夜不得安寧，疲憊不堪，人心惶惶。二月九日，通往儀鳳門的地道竣工，總攻開始。由於太平軍連日來集中火力攻擊儀鳳門，城內清軍主力調往儀鳳門加強防守，其他城門守衛更加空虛。太平軍藉機在各處架起長梯，準備同時攻城，弄得清軍疲於奔命。這天夜

間，不見太平軍任何動靜，清兵人困馬乏，昏昏欲睡。快到凌晨的時候，只聽一聲巨響，城破牆塌，太平軍先鋒隊在林鳳祥等人的率領下衝入城內，其餘各處太平軍爲配合儀鳳門攻城，紛紛登上雲梯攻入城內。入城以後，大部分清兵潰散，只有一部分八旗兵拚死頑抗。戰鬥進行了將近一天。到二月二十一日下午，太平軍已大致肅清了城內守軍，登上西門城垣，至此南京城全部攻克。

從金田起義到攻佔南京期間，太平軍發展相當迅速。許多人是全家甚至是全族人來參加太平軍的，到南京時，太平軍家屬已經達到十幾萬人。爲了保護好這些老幼婦女大軍，使其既不影響戰鬥，又使起義士兵安心，洪秀全採取了分設男

營、女營的制度。太平軍的男營中，除作戰營外，設有老弱營和諸匠營，老弱營安置五十歲以上男子和十四歲以下兒童，根據他們的體力，分派運輸、做飯等任務。有技術特長的人安置在匠營中，負責軍需物資如武器、車輪等的製造。女營除戰鬥營外，設有老弱營，專門安置老弱婦女及嬰兒；善女工的安置在繡錦營中，趕製服裝、鞋帽、旗幟等。在血與火的戰鬥期間分男營、女營，對於整肅軍紀、加強戰鬥力發揮了很大作用。然而，隨著時間的推移，長期實行男女分開，雖夫妻也不得同居，也帶來了許多問題。它有悖於人之常情，產生了使人心渙散的副作用。

三、建立政權

太平軍攻佔南京後的第十三天，向榮才率一萬五千名清軍趕到南京城外，在城東的紫金山至城東南的七橋甕十餘里處紮營十九座，史稱江南大營。此時暗藏在城內的奸細尚未肅清，時有破壞事件發生。面對城內外的嚴重威脅，洪秀全、楊秀清加強了天京的防衛。他們在各地設立五丈高的觀樓，晝夜察看，如遇敵情

需要報告，白天或吹海螺或搖旗，晚間則懸燈為信號。同時，為防範清軍的攻擊，他們將城門砌小，如同尋常大門一樣，並在門中安兩門大炮，進行防衛。另外太平軍還加強了城外的防守和營壘的建設。在城東鍾山、城南雨花台設有堅固營壘，神策門、太平門、朝陽門、正陽門、通濟門外都設有營壘。

太平天國定都天京後，便開始管理國家事務，行使中央政府的權力。但是沒有像歷代王朝那樣設置統一的政務機關，而是由天王宮和諸王府來行使權力。洪秀全進入南京後，對兩江總督府進行大規模擴建，建成宏大的天王宮殿，並且配備了大量官員，如左、右掌官、侍臣、侍衛官等，不一而足，共計一千六百二十一人。楊秀清在將軍署修了一座五層高樓，用以瞭望城外清軍虛實。後來因將軍署離江南大營太近，經常受清軍炮火威脅，便遷移到山東鹽運使何其光的私宅，將其改建成東王府。東王府所設官員除

與天王宮的大致相同以外，還設有「吏、戶、禮、兵、刑、工」六部尚書，每部十二人，共七十二人。從設官和楊秀清總攬一切大權的情況來看，東王府成了國中之國，是太平天國的中央政府。

定都天京後，洪秀全頒佈了〈天朝田畝制度〉。它是太平天國的綱領性文件，涵蓋了經濟、軍事、思想文化等各個方面，內容十分豐富，其中「田畝制度」是它的核心部分。它詳細地論述了解決土地問題的指導思想和土地分配的原則，提出了「凡天下田天下人同耕」的口號，滿懷激情地為中國百姓描繪了一

個理想天國的藍圖：在這個天國裡人人有地種，人人有飯吃，大家相親相愛，共度美好人生。〈天朝田畝制度〉還對土地分配原則作了詳細的規定，而且貫徹了男女平等的思想：不分男女，各得一份。〈天朝田畝制度〉還對軍事、職官的考核等做了一系列規定。

洪秀全的這些思想主張，有少部分曾因戰爭的勝利在一定程度上得到推行，但其主要的部分即關於均分土地和公有共用的規定卻未能貫徹於社會。太平天國在軍隊中實行過公有共用制度，即軍中所有金銀財物都必須上繳公庫，個人不得私藏，將領士兵的生活需要由公庫供給，供給大體平均。但隨著軍事勝利，佔領的城鎮逐漸增多，財富來源更為豐富，將士們各有私財，高級領袖生活奢侈，供給配額已無實際意義，公有共用名存實亡。

對於招賢納士、網羅人才，洪秀全及太平天國的領袖們是十分重視的。太平天國從起兵以來，就注意吸收知識份子參加。永安期間，洪秀全就曾主持過一次考試，錄取了四十多人。在定都南京後，洪秀全又親自組織了太平天國的科舉考試，制定了一系列制度：考試分為縣、省、京

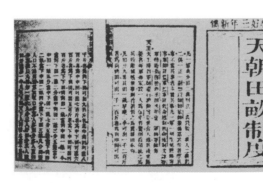

三級。縣試由監軍負責，考中者為秀才，又分文秀才和武秀才；省試由中央政府選派掌考官，考中者為舉人，也分為文舉人和武舉人。考中舉人者由各省守土官提供車船路費，到首都應京試。京試（亦稱天試）日期為天王洪秀全生日所在的十二月，考試題目由洪秀全擬定。洪秀全作為一名貧苦百姓出身的知識份子，深受清朝科舉制度之害，對清朝科場出身、看門第、行賄賂等黑暗現象深惡痛

絕，因此規定不論門第出身、不論男女，各處人皆可入試，給予所有應試者平等競爭的機會。因此，在太平天國時期，女性在文化上的權利有所擴大，出現了女狀元登科、女舉人、女秀才等現象。但洪秀全雖注意吸收人才，卻在任用上有失誤，許多中考者徒有虛名，而無實際工作能力。

四、天京事變

太平天國建都天京後，軍事上繼續取得進展，先後粉碎了江南、江北大營的包圍，佔領了長江中下游的兩岸地區。正在事業蒸蒸日上的時候，發生在咸豐六年（西元一八五六年）下半年的領導集團內訌，使太平天國事業遭遇到嚴重的挫折。

首先是洪、楊衝突爆發。洪、楊間的衝突起因於太平天國的宗教、政治體制。洪秀全為拜上帝會教主，起義後為太

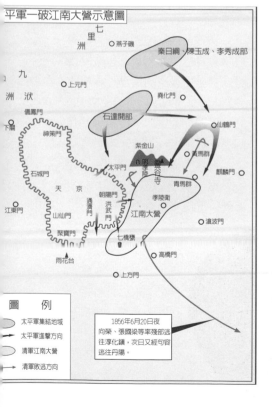

平軍一破江南大營示意圖

七里洲
○燕子磯
秦日綱、陳玉成、李秀成部
九洲沚
○上元門
堯化門
儀鳳門
石達開部
仙鶴門
下關
神策門
紫金山
黃馬群
太平門
石城門
青馬群
麒麟門
天京
江東門
朝陽門
洪武門
李陵衛
山仙門
通濟門
江南大營
滬波門
聚寶門
七橋甕
高橋門
雨花台
○上方門

圖例
太平軍集結地域
太平軍進擊方向
清軍江南大營
清軍敗逃方向

1856年6月20日夜向榮、張國梁等率殘部逃往淳化鎮，次日又經句容逃往丹陽。

平天國天王，本應是太平天國第一人。但自楊秀清被承認為天父代言人後，洪秀全的地位事實上發生了微妙的變化。儘管洪秀全稱自己為天父之次子，曾親身上天受命，但一旦楊秀清天父附體時，洪秀全就必須俯首聽命。這樣，洪秀全的地位能否得到尊重，洪、楊之間的關係能否得到正常協調，就只能依靠楊秀清的善意，依靠他不濫用天父下凡的特殊權力。

但楊秀清的權力慾望很大，不能謹慎地使用自己的特殊權力，甚至在一些小事上也頻頻以天父名義使洪秀全難堪。有一次，因洪秀全待四名女官過嚴，楊秀清竟假借天父下凡要當眾杖責洪秀全。

洪秀全性格剛毅執著，又有濃厚的君尊臣卑思想，按常理應難以容忍楊秀清的進逼；但楊秀清於起義有大功，「天父降凡」又久已成立國之本，所以只好長期隱忍不發。

但楊秀清的權力慾望沒有止境，早不滿居於「一人之下」。當太平軍擊潰清朝的「江南大營」後，楊秀清以為外患已除，便威逼洪秀全親自到東王府封他為萬歲，洪秀全不得不同意楊秀清的要求，但同時卻密召當時在外督師的北王韋昌輝等迅速返

京。

一八五六年九月二日凌晨，韋昌輝和秦日綱的部隊自外地回師包圍東王府，殺了楊秀清及其所屬部眾二萬餘人。不久，翼王石達開回到天京。他也早已不滿楊秀清的專橫，但他同時也譴責韋昌輝等濫殺無辜，危及國家。韋昌輝大怒，想殺石達開，但石達開逃出城外，韋昌輝就殺了他全家。韋昌輝的行為遭到許多太平軍將士的反對。在這種情況下，洪秀全殺了韋、秦。石達開回到天京，眾人推舉他為義王。但洪秀全對石達開很猜忌，封他的兩位兄長為王以牽制石達開。而這兩位兄長並無才幹，議事時眾人都不聽其指揮，反而聽石達開的話。石達開威信越高、越深

得人心，洪秀全的疑忌越深，對石達開的牽制越多。

一八五七年四月，石達開帶領全部精銳離開天京出走，脫離了天京政權。這次「天京事變」

使天京政權元氣大傷，朝中幾無可用之將，出現了朝中無人的局面。

五、洪秀全之死

天京事變後，太平天國面臨的外部環境更加嚴峻而複雜。從楊、韋事起至太平天國的七、八年間，武昌失守，湘軍反攻江西，先後攻下湖口、九江；「江南大營」捲土重來，攻佔廬州、鎮江，再逼天京。咸豐十年（西元一八六○年），太平軍徹底消滅了「江南大營」，攻克蘇州、常州，一度取得輝煌勝利。但同時，太平天國面臨的敵人是更為有力的曾國藩湘軍和在長江中下游地區已獲得巨大利益的外國侵略者。

在軍事形勢逆轉和因內部動亂損失了大批主力的情況下，洪秀全提拔了後起的陳玉成、李秀成、李世賢等青年將領，以他們

和韋志俊、蒙得恩為前後左右中五軍主將，負責處理軍務。他還讓自己的族弟洪仁任精忠軍師、幹王，擔負總理國事的責任。

　　洪秀全這些措施的實行取得了一定的效果。在陳玉成、李秀成的指揮下，太平軍曾取得佔領蘇南、浙江大部分地區的勝利。

　　但好景不常，自同治二年（西元一八六三年）後又相繼失守。後來天京被曾國藩直接指揮的曾國荃軍包圍。在形勢逆轉並且日趨嚴重的情況下，李秀成建議「讓城別走」，即放棄天京，經江西、湖北與在西北的太平軍會合，另圖發展。這的確是當時太平天國惟一的救命良策，但洪秀全不聽李秀成的建議，堅持死守天京。

　　隨著被湘軍包圍的時間的推移，城中被困的士兵缺乏糧草，每天都餓死很多人。洪秀全命令全城士兵俱食「甜露」，認為可以養生。甜露是舊約聖經神話中上帝從天降下的一種食物，而洪秀全這裡所指的「甜露」是一種草。他自己久食這種草，因而得病，於一八六四年五月二十四日病逝，結束了他不平凡的一生。十多天後，天京城被湘軍攻破，太平天國滅亡。

張之洞

張之洞是中國近代史上一位傑出的政治家、思想家、教育家。生活在中西大交會的晚清社會的他，集榮辱於一身。他打敗法人的入侵，策劃並督建京漢大鐵路，創辦亞洲最大的鋼鐵廠。這些都是他的耀眼業績。同時，他的好大喜功、揮霍無度、崇洋媚外、沽名釣譽，也為他招來了百年的罵名。

一、少年得志

張之洞（西元一八三七～一九○九年），字孝達，號香濤，另有無競居士、壺公、香岩、抱冰等別號。祖籍直隸南皮縣（今屬河北省），道光十七年（西元一八三七年）八月三日，出生於其父張鍈任職所在的貴州興義府知府官舍。

張之洞從小非常用功，勤於思考，受儒家思想影響很深。他先後師從韓超、丁誦先、童雲逵、朱伯韓等人，研習經學、古文學、史學、經濟之學。

咸豐二年（西元一八五二年），張之洞應順天府鄉試，中第一名解元；同治三年（西元一八六四年）參加會試、殿試，中一甲第

三名探花，授翰林院編修，張之洞的科舉道路可謂是一路通途。

年輕的張之洞親身體驗了太平天國對王朝的衝擊，他作詩憫歎百姓的命運，又對太平軍大加詆毀。關心時事、以衛道爲己任的意識早在他年輕的心裡扎下了根。他的父親張鍈因長期與太平軍作戰，憂憤交加、積勞成疾而死；他夫人的哥哥石均戰死；姐

夫鹿傳霖之父鹿丕宗偕夫人蕭代殉難，這些噩耗對張之洞心靈的打擊是沈重的。後來張之洞鎮壓海南黎民起事、仇視義和團、鎮壓唐才常的自立軍起義，與早年的這些痛苦經歷不無關係。

二、中流砥柱

張之洞、寶廷、張佩綸、黃體勞時稱翰林四諫，號爲清流派。他們擁戴軍機大臣、大學士李鴻章爲領袖，而實際上張之洞是清流派的中堅。在平反東鄉冤獄、改訂「中俄條約」等問題上，張之洞表現出秉公持論、爲民請命、不避權要、犯顏直諫的「清流」本色。

咸豐、同治年間（西元一八五一～一八七四年），四川的苛捐雜稅多如牛毛。東鄉知縣孫定揚又於捐稅外，濫加五百文以肥己。東鄉百姓苦不堪言，進城

「鬧糧」，聚集縣衙，請求減徵。孫定揚謊稱百姓聚眾謀反，報請四川總督文格。文格派提督李有恆率兵鎮壓，造成冤死四百餘人的重大慘案。東鄉民眾不服，推舉代表進京告狀，又被刑部拘禁，押解回四川。清廷派禮部尚書恩承、吏部侍郎童華複審，結果仍維持原判。

張之洞在四川學政任內對東鄉冤案有所瞭解，他義憤填膺，決心再次上疏，請懲元兇，爲民請命。他於光緒五年（西元一八七九年）五月十一日，一天之內連上三折：〈重案定擬未協折〉、〈陳明重案初起、辦理各員情形片〉和〈附陳蜀民困苦情形〉，分析案情及其實質並奏請朝廷懲處對東鄉冤案負有重大責任的前四川總督文格和「複奏不實」的欽差恩承、童華。

刑部不得不重審此案。同年六月十七日，朝廷宣佈承認東鄉百姓「鬧糧仇鬥，並非叛逆」；孫定揚、李有恆濫殺無辜，處以極刑；對文格、恩承、童華及與此案有關的數十人，均給予不同懲處。拖延數年的東鄉一案終於沈冤昭雪，張之洞也因此而聲名大震。

崇厚像 清

伊犁圖 清

內恤民願，外爭國權，是清流派人思慮所繫。對張之洞而言，平反東鄉冤獄是內恤民願，而改訂「中俄條約」卻是外爭國權。

光緒五年，沙俄侵佔新疆伊犁地區。清廷派左都御史崇厚赴俄國，就歸還伊犁進行交涉。

張之洞建議崇厚先赴新疆實地考察，並與左宗棠商議，再赴俄國。誰知崇厚在沙俄的脅迫和愚弄下，不經請示清廷，與俄國簽訂了喪權辱國的「里瓦幾亞條約」，使伊犁處於被俄國包圍的危險境地。消息傳出，輿論譁然。張之洞為「中俄條約」問題前後上疏二十餘次，堅持必須改訂條約，加強伊犁地區的軍事力量，並要求將崇厚治罪。慈禧、慈安太后親自召見張之洞，特許他隨時到總理衙門以備諮詢。他

同張佩綸、陳寶琛一起起草奏摺十九件，提出了籌兵籌餉、加強邊防的積極建議。光緒六年（西元一八八〇年），清廷派曾紀澤赴俄，重訂「伊犁條約」。張之洞在此次改訂條約中產生了重要作用。

在中俄交涉事件中，張之洞不僅提高了政治聲望，並且得到慈禧太后的賞識。張之洞為感謝慈禧太后的知遇之恩，在以後的政治生涯中，始終盡心盡責地為清廷，更為慈禧服務。

曾紀澤像 曾國藩長子，參加「伊犁條約」的談判與簽訂。

法國總理茹費理像 清

劉永福像 清

漢陽鐵路 清

三、封疆大吏

光緒七年至十年（西元一八八一年～一八八四年），張之洞任山西巡撫。就任伊始，張之洞就立下了「身爲疆吏，固猶是瞻戀九重之心；職限一方，不敢忘經營八表之略」的宏大志願。他從革除陋規、整治吏治入手，著力減免全省各項差徭，嚴禁吸食鴉片，設立洋務局，調整實物賦，創辦令德書院，擬造通京公路，籌開山西鐵礦。就在這時，中法戰爭爆發了。

光緒十年（西元一八八四年），法國侵略越南，邊疆告急。張之洞上疏建議以守爲戰，嚴密監視滇、桂戰役的形勢，立即構築天津、廣州的防線。四月，張之洞被任命爲兩廣總督，

組織抗法。

張之洞到達廣州後，便撤換沿海的督撫，加強防務。六月，法軍佔領了台灣的基隆。張之洞建議廣州軍隊與台灣的劉永福的軍隊合擊法軍。清廷採納了張之洞的建議，提拔劉永福爲記名提督。劉永福驍勇善戰，率領黑旗軍屢創法軍。

光緒十一年（西元一八八五年）正月，法軍侵佔中越邊境重鎮鎮南關，形勢危急。張之洞推薦前任廣西提督馮子材、總兵王孝祺等領兵支援，進駐鎮南關。老將馮子材不減當年之勇，率軍奮力抵抗，使法軍遭到致命的打擊，法國的茹費理內閣也因此倒台。戰爭的形勢對中國極爲有利，但清廷卻決意以勝求和，命令前線軍隊停戰撤兵。張之洞幾次上奏朝廷要求緩撤兵，不僅沒

有得到允許，還遭到李鴻章的斥責。

儘管如此，由於張之洞在這次戰爭中調兵遣將、籌餉運械非常成功，朝廷對他進行了表彰。打敗法國人的入侵，在他榮辱兼有的一生中寫下濃墨重彩的一筆。

張之洞在山西巡撫任內，受到英國傳教士的啟發，已經邁出了向洋務派轉化的第一步，但其計劃沒來得及付諸實施。中法戰爭就使張之洞直接接觸到外部世界。戰爭的曲折艱難和令人憤懣的結局，加速了他向洋務派的轉變。張之洞在廣東開設水陸師學堂，創設槍彈廠，設置繅絲局，創辦機鑄冶錢局及銀元局，籌辦織布局和制鐵廠。這是他興辦洋務的開始。

因曾身處抗法戰爭前線，張之洞深深地感到修築鐵路的重要性。光緒十五年（西元一八八九年），他上奏朝廷，建議修築一條盧漢鐵路，自盧溝橋至漢口，以貫通南北。張之洞認為修築鐵路可以促進物資流通，國家徵調兵力、糧餉也比較方便。朝廷批准了這一奏摺，計劃分南北兩段修築盧漢鐵路，北段由直隸總督負責，南段由湖廣總督負責。為此，張之洞被調任為湖廣總督。由於修築鐵路需要大量的鋼鐵，張之洞決定先籌建漢陽鐵廠。

由於經驗不足和天朝上國的虛榮心作祟，張之洞辦企業時也出現了一些失誤。購買機器時，張之洞致電駐英國公使薛福成要他在英國購買煉鋼廠機爐。英國梯賽特工廠廠主回電說：「想要辦鋼廠，必須先將煉鋼所用的鐵、石、煤、焦寄到英國化驗，分析煤鐵的成分以後，才可以確

定使用什麼樣的機爐，不能有半點差錯。」張之洞對此不以爲然，他大言不慚地說：「中國地大物博，什麼樣的煤鐵沒有，只要按照英國鋼鐵所用的機爐買一套就行了。」英國廠主無奈，只好照辦。結果，鐵廠設在了漢陽，卻要用大冶的鐵礦、馬鞍山的煤炭。

原材料運輸困難不說，馬鞍山的煤不能煉焦。張之洞只好從德國進口焦炭數千噸。折騰了六年，耗資五百六十萬兩白銀的漢陽鐵廠，始終沒有煉出合格的鋼鐵。查明原因後，張之洞又向日本借款三百萬元，改進了原來的機爐，才煉出了優質的鋼。如果不是張之洞

當時的妄自尊大，草率行事，中國重工業的發展就不會遠遠落後於西方或日本。因此，對張之洞的功過也很難評價。但是漢陽鐵廠是近代中國第一個大規模採用機器生產的鋼鐵工業，而且也是當時亞洲最大的鋼鐵廠。

光緒二十一年（西元一八九五年），張之洞再次上奏朝廷，請求修建盧漢鐵路。他提議成立鐵路總公司，向南洋華僑招股，又推薦盛宣懷爲鐵路督辦大臣人選。由於經費短缺，張之洞向比利時借款一億一千二百五十萬法郎。光緒二十四年至二十八年（西元一八九八年～一九〇二年），盧溝橋至保定段，漢口至信陽段先後通車。光緒三十一年（西元一九〇五年），盧漢鐵路全線貫通，包括盧溝橋至北京一

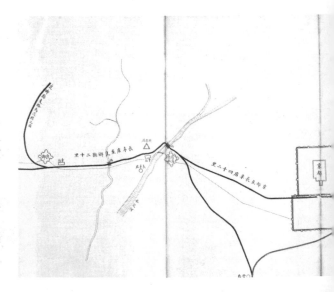

同為中國近代最早的新式陸軍。自強軍訓練不久，已表現出完全不同於舊式軍隊的嶄新氣象。

張之洞返任湖廣總督以後，投入更大的熱情，更大規模地編練湖北新軍。他以從兩江調回的護軍營為基礎，招募新兵，組建護軍前營、後營及工程隊一哨；又聘請部分德國軍官擔任教習，但沒有把指揮權交給他們。「辛丑合約」簽訂後，張之洞又改聘日本教習，仿照日本軍制進行訓練，並且擴充了新軍的編制，總計九千五百餘人。張之洞訓練的三支新軍是清末除守衛京師的北洋六鎮以外最強大的新軍。由於治兵有方，清廷命令長江流域各省選派武將到武昌考察湖北新軍

段，總長一千二百公里。清廷派張之洞和直隸總督袁世凱共同驗收，並改稱京漢鐵路。張之洞為京漢鐵路的修建多方謀劃，可以說是中國「鐵路主辦元勳」。

張之洞在十餘年的疆吏生涯中，對外抵禦外敵的入侵，對內平定國內的叛亂。他深刻地認識到軍事力量是一國安身立命的根本。

中日甲午戰爭以中國的慘敗告終。以此為契機，軍制改革成為朝野議論的中心。張之洞屢次向朝廷上疏，請求仿照東西洋各國，用新式火器裝備軍隊，並運用近代軍事原埋訓練、組建新型軍隊，以逐漸取代綠營、防營等舊式軍隊。光緒二十一年（西元一八九五年）十一月，張之洞在暫時代理兩江總督期間，率先編練「江南自強軍」。該軍與朝熽芬於天津小站編練的「定武軍」

的練兵之法，回去仿照實行。張之洞還和袁世凱共同摸索出一套有中國特色的練兵之法，名曰「中國操典」。

四、效忠晚清

光緒年間（西元一八七五年～一九〇八年），深受壓迫的海南黎族人民不斷叛亂。張之洞上奏朝廷，請求派大員剿辦瓊州客黎各匪，並派總兵劉城元率兵數千人赴瓊剿匪。但由於地形不熟，沒有後援，加上瘴癘太盛，劉成元無功而返。

張之洞又命令馮子材帶領二十營的官兵，與總兵林長福、知府馮相華等共同渡瓊剿匪。張之洞針對此次進兵確定了「以黎攻黎」、「剿撫兼施」等方針。馮子材、林長福親率清兵一萬餘人，加上士勇、團練，步步進逼，將匪軍營寨逐一攻破。此次剿匪，清軍先後打死四百餘人，「就地正法一百餘人」，「黎人就撫者八萬餘人」。

張之洞在馮子材剿滅海南島的匪軍後，立即開始了大規模的安撫、治理工作。一八八七年二月他親自制定「撫黎章程」十二條，目的是使全島漢黎各族人民謀生立業，使海南島的經濟得到穩定發展。最值得稱道的是，張

之洞命令在海南島上開通大道十二條，促進當地經濟的發展。同時，張之洞命令在海南島加強防務。

在戊戌變法中，張之洞和維新派有較多的聯繫，他自己也是相當活躍的人物。張之洞贊成和同情康有為、梁啓超等人早期的維新活動，讓陳寶箴推薦楊銳和劉光第，他經常慷慨解囊，為維新派捐款。但是，後來他看到慈禧太后逼令光緒帝封閉北京的強學會和「中外紀聞」，便藉口說康有為談今文經學、主張孔子改制說和他平素的學術主旨不合，停止捐款。

「百日維新」期間，張之洞的態度是矛盾的，他對光緒帝下發的許多諭旨採取了敷衍、搪塞、抗拒、抵制的態度。

「戊戌政變」發生後，張之洞迅速順應慈禧太后的懿旨，對兩湖地區的維新變法運動進行鎮壓。他將湖南的南學會解散，將維新派設立的保衛局改為保甲局，發表聲明大肆攻擊維新派。

為了討好慈禧太后，張之洞積極協助緝拿逃亡國外的康有為、梁啓超等人。張之洞先在武昌會晤日本領事小田切，要他報請日本政府協助緝捕康、梁，但是小田切沒有答應。張之洞又派張期詢為刺客行刺，結果引起了日本政府的強烈抗議。

張之洞在戊戌變法時期的「權變」，或者說是投機，使自己的聲譽受到極大損害，聲名日下。

對於義和團的舉動，張之洞主張堅決鎮壓。他先後鎮壓了湖北天門縣、荊州府等地叛亂及焚燒教堂和醫院的行動。他還聯合

唐才常舊照 清

勸學篇 清 張之洞

在這本書裡，張之洞竭力鼓吹「中學為體，西學為用」，反對維新人士提出的政治變革。

長江沿岸各省上奏朝廷請求力剿「邪匪」，嚴禁暴動，安慰使館，致電各國表示道歉，保護外國在華勢力，與人民為敵。

光緒二十六年（西元一九〇〇年），中國政局出現了錯綜複雜的局面。唐才常等人聯絡會黨和清軍部分官兵組織自立軍，準備在安徽、湖北、湖南幾省起義，建立君主立憲的「新自立國」，使光緒帝復辟。他們還勸說張之洞，準備擁戴他建立「東南自立之國」，張之洞對此並未立即表態。在慈禧太后的支援下，七月，張之洞在武漢逮捕並殺害了自立軍首領唐才常等二十餘人。

張之洞剿滅自立軍以後，起草了一份〈勸戒上海國會及出洋留學生文〉，文中列舉了自立軍的種種罪狀，勸戒

國會中士紳、學者及留日學生，不要受康、梁邪說的蠱惑。張之洞站在保護君主的立場上，痛斥自立軍為叛賊，卻絲毫沒有考慮到中國人民的利益。張之洞崇洋媚外的醜態暴露無遺。

五、近代教育的奠基者

張之洞從小接受的是正統的儒家教育。他認為要維護清王朝的統治秩序，就必須注意選拔「端品行、務實學」、「砥礪名節」的人才，並加以培養和任用。

張之洞接任湖北學政以後，對考試方法、考試內容進行了一些變革，允許學生各盡所長，以提拔獎勵有真才實學的人。

張之洞還提議興建經心書院，選拔成績優異者入院深造。他在湖北學政任內的治學政績博得了世人的讚揚。他任四川學政時，在成都創辦尊經學院，挑選優秀者百餘人入學，延聘名儒，分科講授。

同時張之洞仿照杭州詁經精舍、廣州學海堂例則，手訂「條教」作為學生言行的規範。張之洞撰寫了《書目答問》和《軒語》兩本書，以教導士子應讀什麼書，應

該怎樣做學問，以及怎樣修養品德等。這兩本書在當時和以後都產生了較大的影響，在讀書、治學方面不乏指導意義。

張之洞在湖北的十餘年間，在湖北地區創立了比較完整的、配套的近代教育體系。這是他的教育思想在一地的實驗。

光緒二十八年（西元一九〇一年）十月，張之洞總結他以往辦學的經驗，向朝廷上〈籌定學堂規模次第興辦折〉，提出在全國境內興辦各類學堂，包括師範、小學、文普通中學、武普通中學、文高等學堂、武高等學堂、方言學堂、工學堂、省外中小學、蒙學等。

張之洞還編制了〈奏定學堂章程〉，經清廷批准後，在全國境內推行。這是中國近代第一個以法令形式公佈的學制，時稱「癸卯學制」。該學制把普通教育分為初等、中學、高等三級，修業期長達二十五年。與此並行的還有師範教育和實業教育，是現代教育學制的雛形。

光緒三十一年（西元一九〇五年）九月，張之洞奏請停止科舉，以興學校，清廷批准其奏請。從第二年開始，所有鄉試、會試及各省歲考一律停止，一切士子皆由學堂出身，結束了一千三百多年的科舉制度。

張之洞在創辦新式教育方面的倡導和努力，客觀上促進了平民教育與新文化的傳播。張之洞也成為中國近代教育體系的奠基者。

六、國運盡、老臣逝

清末十年間，國內各種衝突層出不窮，民主革命浪潮一浪高過一浪，清王朝已經無可奈何地跨上了覆滅的快車。在此大廈將傾之時，年逾古稀的張之洞入閣拜相，以衰朽之軀力挽清朝敗局，在風雨飄搖的晚清政局中走完自己的生命歷程。

張之洞到了北京後，竭力為清廷出謀劃策。為了應付日益高張的「革命排滿」形勢，他面奏慈禧太后提出「化除滿漢域」。他說：「欲禦外侮，先靖內亂，探原扼要，惟有請頒諭旨佈告天下，化除滿漢域。」這一建議被清廷採納，清廷下詔宣稱「滿漢平等」。

但是，清廷於一九○八年頒佈的憲法大綱第一條仍稱：「大清皇帝統治大清帝國，萬世一系，永久尊戴。」光緒帝、慈禧太后去世後，皇親貴戚把持樞要，排斥漢官。張之洞「固爭以為不可」。但是，載灃之流固執己見，自取滅亡。

張之洞在生命的最後關頭，仍不遺餘力地調和滿漢之間的衝突，但是他也無力回天。

清廷為了維護其統治，宣佈實行「預備立憲」。出國考察各國憲政的五大臣回國後，徵求張之洞的意見。他覆電說：「立憲事關重大，如將來奉旨命各省議奏，自當竭其管蠡之知，詳細上陳，此時突不敢妄參末議。」其

宣統元年（西元一九〇九年）六月，張之洞肝病發作，醫藥無效，仍強撐病體處理政務。當時載灃等皇親貴戚將政權、軍權攬於一身，張之洞固爭，載灃不接受。張之洞因此非常抑鬱，病情進一步加重。攝政王載灃親臨探視。載灃走後，張之洞長歎道：「國運盡矣！蓋冀一悟而未能也。」張之洞於宣統元年（西元一九〇九年）十月四日亥時辭世，享年七十二歲。清延賜諡號「文襄」。

各國駐華公使均到張府「致哀悼之意」。

遮掩迴避的態度畢現。

張之洞是抱著對慈禧太后的知遇之恩的感激之情、拯救清朝頹勢之志才進京入閣的，又以老成持重的心態，謹言愼行，態度曖昧。作爲一個老臣，他針對慶親王奕訢和袁世凱的專權進行過抗爭；對於載灃之流的倒行逆施，也曾不遺餘力地加以勸說。但是，清王朝已經處於土崩瓦解的境地之中，縱使張之洞具有蓋世的奇才，也無力回天了。

胡雪巖

清代紅頂商人胡雪巖，白手起家，憑藉其超凡的經營能力，內攀權貴，外附洋商，短短數年內富甲一方。他籌款協助左宗棠興辦洋務，以圖強國，開辦胡慶餘堂，以圖濟世救人。但他生活荒淫無度，又不諳政界之道，終於成為政治傾軋的犧牲品。

一、白手起家

　　胡雪巖（西元一八二三年～一八八五年），先後經歷清道光、咸豐、同治、光緒四朝。俗話說「時勢造英雄」，胡雪巖生長的時代正是清廷內憂外患、國庫空虛、亟需商人扶危救難之時。

　　胡雪巖幼時家境貧寒。為了養家糊口，作為長子的他經親戚推薦，進錢莊當學徒，從掃地、倒尿壺等雜役做起，三年師滿後，就因勤勞、踏實成了錢莊正式的夥計。正是在這一時期，胡雪巖靠患難之交王有齡的幫助，一躍而成為杭州一富。

　　王有齡，字雪軒，福建侯宮人。在道光年間，王有齡就已捐了浙江鹽運使，但無錢進京。後胡雪巖慧眼識英雄，認定其前途不凡，便資助了王有齡五百兩銀子，叫王有齡速速進京謀個官職。後王有齡在天津遇到

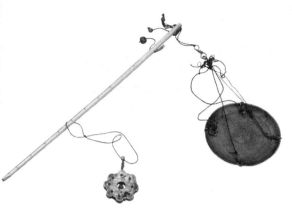

「辦糧械」、「綜理漕運」等重任，幾乎掌握了浙江一半以上的戰時財經，爲今後的發展奠定了良好的基礎。

胡雪巖之所以可以迅速崛起，除了得益於王有齡之外，另一個人也產生了重要的作用，這個人就是左宗棠。

一八六二年，王有齡因喪失城池而自縊身亡。經曾國藩保薦，左宗棠繼任浙江巡撫一職。左宗棠所部在安徽婺源時「餉項已欠近五個月」，餓死及戰死者眾多。此番進兵浙江，糧餉短缺等問題依然困擾著左宗棠，令他苦惱無比。急於尋找到新靠山的胡雪巖又緊緊地抓住了這次機會：他雪中送炭，在戰爭環境下，出色地完成了在三天之內籌糧十萬石的任務，在左宗棠面前一展自己的才能，得到了左宗棠的賞識，並被委以重任。

故交侍郎何桂清，經其推薦到浙江巡撫門下，當了糧台總辦。王有齡發跡後並未忘記當年胡雪巖的知遇之恩，於是資助胡雪巖自開錢莊，號爲「阜康」。之後，隨著王有齡的不斷高升，胡雪巖的生意也越做越大，除錢莊外，還開起了許多的店鋪。

庚申之變成爲胡雪巖大發展的起點。在庚申之變中，胡雪巖處變不驚，暗中與軍界搭上了線，大量的募兵經費存於胡雪巖的錢莊中，後又被王有齡委以

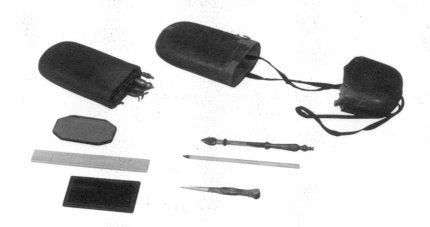

在深得左宗棠信任後，胡雪巖常以亦官亦商的身分往於寧波、上海等洋人聚集的通商口岸間。他在經辦糧台轉運、接濟軍需物資之餘，還緊緊抓住與外國人交往的機會，勾結外國軍官，爲左宗棠訓練了約千餘人、全部用洋槍洋炮裝備的「常勝軍」。這支軍隊曾經與清軍聯合進攻過寧波、奉化、紹興等地的太平天國軍隊。

胡雪巖是一位商人，商人自然把利益放在第一位。在左宗棠任職期間，胡雪巖管理賑撫局事務。他設立粥廠、善堂、義塾，修復名寺古蹟，收殮了數十萬具暴骸；恢復了因戰亂而一度終止的牛車，方便了百姓；向官紳大戶「勸捐」，以解決戰後財政危機等事務。胡雪巖因此名聲大振，信譽度也大大提高。這樣，財源滾滾來也就不在話下了。自

清軍攻取浙江後，大小將官將所掠之物不論大小，全數存在胡雪巖的錢莊中。胡雪巖以此爲資本，從事貿易活動，在各市鎮設立商號，利潤頗豐，短短幾年，家產已超過千萬。

晚清時期著名的洋務運動由曾國藩、左宗棠、李鴻章三人發起。此三人在同太平天國戰爭中，認識到了西方先進軍事技術的重要性，迫切地要求向西方學習、自強禦侮，但由於他們的特殊身分，不便與外國人打交道。這樣一來，與左宗棠聯繫極爲密切，諳通華洋事務的胡雪巖在洋務運動中又找到了用武之地。他協助左宗棠創辦了福州船政局、甘肅織造總局；幫助左宗棠引進機器，用西洋新機器開鑿涇河。毫不誇張地說，左宗棠晚年的成功中有著胡雪巖極大的功勞。

二、功成名就

作為一代「紅頂商人」，胡雪巖叱吒商場，寫盡人間風流。更令後人稱道的是，他「為富且仁」，樂善好施，做出眾多義舉，在贏得「胡大善人」的美名、黃馬褂加身的同時，亦獲得了更多的財富。

在他的這些義舉中，胡慶餘堂藥號的開辦，尤為後人們所稱道。

關於創辦胡慶餘堂藥號的緣由，流傳至今的有兩種說法：一種說法為胡雪巖因胡老太太生病抓藥受阻，怒而開藥號；一種說法為胡雪巖因小妾生病，抓回的藥中有以次充好的一兩味藥，要求更換時遭到藥店夥計的搶白，激憤而開藥號。

實際上，任何偶然事件都有其必然性，胡慶餘堂的開創與胡雪巖深受杭州悠久的中醫文化薰陶，身處亂世而興濟世救人之念

藥缽
清

有著密切的關係。

其實，早在一八七五年，由於戰亂、疫病等原因，死亡率劇增，人口出現負成長之時，胡雪巖便已打定救死扶傷的主意。他邀請江浙一帶的名醫研製出「諸葛行軍散」、「八寶紅靈丹」等藥品，贈給曾國藩、左宗棠等部及受災區民眾。胡雪巖在全盛時期開創的胡慶餘堂將他救死扶傷的對象範圍擴大到全天下所有的百姓。

在胡雪巖的主持下，胡慶餘堂推出了十四大類成藥，並免費贈送避瘟丹、痧藥等民家必備的「太平藥」，在〈申報〉上大做廣告，使胡慶餘堂在尚未開始營業前就已名聲遠播，這正是胡雪巖「放長線釣大魚」的經營策略。到一八七八年春，以上的耗費換來的是成倍的利潤。

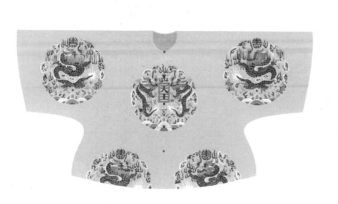

團龍馬褂展示圖

胡慶餘堂在一八八〇年時，資本已達到二百八十萬兩銀子，與北京的百年老字型大小同仁堂南北相輝映，有「北有同仁堂，南有慶餘堂」之稱。而胡雪巖，胡慶餘堂的創辦者，一個錢莊出身、不熟悉藥業的人，也因其不恥下問、勇於探索，在中國藥業史上寫下了頗具傳奇色彩的一筆。

除了創辦胡慶餘堂以懸壺濟世的義舉之外，胡雪巖還為左宗棠的西征舉借洋款，為左宗棠成功收復新疆，結束阿古柏在新疆十多年的野蠻統治立下汗馬功勞，又書寫了他人生中精彩的一筆。

一八六六年，左宗棠由閩浙總督調任陝甘總督，奉命出關西征。正所謂「兵馬未動，糧草先行」：西征軍經費雖然由各省共同籌集，但為數不多，且經常拖欠。為解決經費問題，左宗棠只好奏請借洋款救急。

自然，具體經辦借洋款事務這一重任落在胡雪巖肩上。胡雪巖透過在上海匯豐銀行任幫辦一職的朋友古應春的安排，打算向英國渣打銀行借款。胡雪巖與該銀行經理首次面談便因在利息、借款期限等問題上無法達成共識不歡而散。後在胡雪巖的精心策劃下，自稱中國通的渣打銀行駐中國地區總經理被收拾得服服帖帖，雙方很快就利息、期限、償還方式等細節達成共識。胡雪巖為西征籌得第一筆借款。

此後，為助左宗棠西征，胡雪巖先後六次向洋人借款，累計金額為一千八百七十萬兩白銀，而利息至少佔總數的一半，可以說是非常驚人的高利貸。但從當

時的情況來看，這一借款舉動是值得的。

當然，圖利是商人的本性，胡雪巖也無法脫俗，他利用借貸款實付利息與應支利息之間的差額，吃了「回扣」。但整體來說，在當時西征大軍欠缺糧餉，各方相互推諉的艱難時刻，胡雪巖能夠挺身而出，不辭勞苦擔負起籌借洋款的重任，協助左宗棠西征保住新疆，還是表現了他的愛國之情。

雖然，我們常常把「奸」字與「商」字連在一起，甚至更有「無奸不商」一說，但就事實而論，生意場中也有性情中人，胡雪巖算得上其中之一。在功成名就之後，他並未忘記他的發跡之地——杭州，為杭州百姓做了許多義舉。他開設錢塘江義渡，方便了「上八府」與「下三府」的聯繫，並設置躉船，為候渡乘客提供方便，並因此博得了「胡大善人」的美名。他還極其熱心於慈善事業，樂善好施，多次向直隸、陝西、河南、山西等澇旱地區捐款賑災。到一八七八年，除了胡雪巖捐運給西征軍的藥材外，他向各地捐贈的賑災款估計已達二十萬兩白銀。更鮮為人知的是，在轟動朝野的楊乃武與小白菜一案中，他利用自己的聲譽活動京官，贊助錢財，為此案最終昭雪立下了汗馬功勞，並借此案使他的義聲善名更加深入人心。此外，他還兩度赴日本高價購回流失在日本的中國文物。

三、風花雪月

古語云：「食色性也。」一代儒商、紅頂商人胡雪巖不但在商場上叱吒風雲，在政壇上春風得意，而且在情場上更是遊刃有餘，堪稱情場上的高手。

胡雪巖是個風流成性的尋花老手，他常自謂：「一不做官，二不圖名，但只為利，娶妻納妾，風流一世，此生足矣！」因此，對於合其心意的女子，他一般不會輕易放過。

當然，作為一名成功商人，胡雪巖在情場不忘商場。他在創業期間所遇到的女人，幾乎都是為他的事業服務的：有的成為被他所用的「犧牲品」；有的非常幸運地被他收為小妾，但納其為妾的先決條件是此女子必須有益於他將來事業的開拓。從某種意義上來說，胡雪巖能夠成為一代「紅頂商人」，這些具有「幫夫命」的小妾們發揮了極大的作用。

在創業初期，胡雪巖偶遇因父親入獄被賣入「梨花春」的官宦人家千金小姐芸香，並被其美貌所吸引，但胡雪巖深知以當時自己的身分，無福消受美人。他在萬般懊惱之時，靈機一動，把芸香做順水人情送給了自己的靠山王有齡巡撫。這樣做，胡雪巖雖然失去了芸香，但卻得到了王

有齡的器重，得到了芸香這個忠心的眼線，從此掌握了王巡撫的行蹤，在某種意義上可以說是控制了王有齡，使其為自己所用。這樁交易做得無懈可擊，芸香成了胡雪巖走向成功的第一個籌碼。

俗話說：「捨不得鞋子套不住狼。」在商言商，為了自己的長遠利益，胡雪巖一次次忍痛割愛，把自己的所愛像商品一樣「一件件」送給了別人。為了傍上江蘇省學政何桂清這棵大樹，他又將自己的愛妾「阿巧姐」作為又一件禮物送給了何桂清。

雖然胡雪巖一再強調感情與生意應該截然分開，二者不可以混淆，但他與陽琪的結合，卻更看重了感情對生意的促進作用。與陽琪成親後，陽琪立刻成了胡雪巖的左右手，令其如虎添翼，有力地促進了胡雪巖事業的進一步發展。只可惜，陽琪過早逝世，這多少留給胡雪巖一些遺憾。但不久，胡雪巖就遇到了另一位與陽琪極其相似，極具商業頭腦的姑娘。

她就是胡雪巖身邊最重要的一位女子，陪伴胡雪巖走完人生的翠環姑娘，即當時小有名氣的「羅四太太」。

胡雪巖雖然已成為紅極一時的商人，但家中妻子肚中無貨，上不得檯面，這一直是胡雪巖心中的一大遺憾，以致胡雪巖常歎知音難求，心中十分孤獨。翠環的出現，令胡雪巖眼前一亮。

憑藉其敏銳的眼光，胡雪巖認為翠環即是上得廳堂、入得內室，自己尋覓已久的賢內助、紅顏知己。於是胡雪巖打定主意要贏得翠環姑娘的青睞，非娶她為妻不可。後經過努力，以「兩頭大」的形式娶翠環為妻。翠環果然精明能幹，很快成為胡雪巖的左膀右臂。她的心思又極其細密，很會迎合丈夫的心意，為胡雪巖連娶了十二房姨太太，使胡雪巖感激不盡。胡雪巖將其扶正作為回報，使其登堂入室，成為胡府的「掌印夫人」。

胡雪巖娶的這十二位姨太太個個正值花季，美若天仙，號稱「東樓十二釵」。胡雪巖對這十二位姨太太極其寵愛，在她們身上揮霍掉大量的金錢。他為這些姨太太建造了休憩場所——嬌樓，使姬妾分室而居，而他則像皇帝一樣，每晚隨手拈牌招妻妾入寢，生活極其奢靡。單是嬌樓，就極其奢華，耗資數萬。

嬌樓金碧輝煌，四周風景秀麗，又以人工西湖、「蓬萊仙閣」等景點巧妙地點綴，更是令觀者目不暇接、心曠神怡。自此，胡雪巖便整日泡在嬌樓之中，沈溺

跡以及鼎盛與政界要人的庇護有著密不可分的關係。胡雪嚴緊緊把握住了「大樹底下好乘涼」的精髓，他先借助王有齡開錢莊，又以左宗棠爲靠山創辦胡慶餘堂，爲西征籌借洋款，恢復因戰事而終止的牛車，爲百姓、爲國家做出了一定的貢獻，從而一步步走向事業的巔峰。

作爲一名商人，胡雪嚴被御賜二品頂戴，被賞黃馬褂，這在中國歷史上是罕見的。但就是這樣一位已名利雙收、事業有成的人，卻在幾天之內垮掉了，他的事業也隨之走到盡頭。

表面上胡雪嚴生意的失敗是由於他野心過大，急於擴充，出現決策性失誤，使錢莊因缺乏流動資金而被擠兌，致使其經營的生絲鋪、公濟典當、胡慶餘堂等紛紛關閉。但導致胡雪嚴生意失

於溫柔女兒鄉。

正如汪康年在《莊諧選錄》中所寫：「杭人胡某，富埒封君，爲近今數十年所罕見。而荒淫奢侈，跡迴尋常所有，後卒以是致敗。」胡雪嚴荒淫而奢靡的生活習性，與他最終的失敗有著密切的關係。

四、慘然離世

古語有云：「福兮，禍所伏也。」胡雪嚴在商場馳騁多年，靠官府後台一步步走向事業的頂峰，風光無限，但其最終的失敗，卻也是由官場後台的坍倒和官場的傾軋所致。

胡雪嚴雖爲商人，但他的發

敗的更為深入的原因是政治敵人的打擊。胡雪巖雖聰明一世，與官場人物交往甚密，但最後卻因為不諳官理、剛愎自用、不懂變通而成為左宗棠與李鴻章政治鬥爭的「犧牲品」，成為李鴻章「排左先排胡，倒左先倒胡」策略的犧牲者，實在令人為之扼腕歎惜。

胡雪巖破產後，先前那些為其錢財嫁入胡家的美妾們，一改往日爭先恐後巴結胡氏的嘴臉，溫情頓失，紛紛要求攜帶自己的私房錢離開；留在胡氏身邊的，只有羅四太太。在羅四太太的陪伴下，靠著胡慶餘堂的微薄收入，胡雪巖淒涼地度過了他的晚年，於光緒十一年（西元一八八五年）黯然離世。

胡雪巖的一生，極具戲劇性。在短短的幾十年裡，他由一個錢莊的夥計搖身一變，成為聞名於清朝朝野的紅頂商人。他以「仁」、「義」二字作為經商的招牌，善於隨機應變，使其生意蒸蒸日上；他富而不忘本，深諳錢財的真正價值，大行義舉，在贏得美名的同時，也得到了心靈的滿足；他經商不忘憂國，協助左宗棠西征，維護了祖國領土的完整；在救亡圖強的洋務運動中，他也貢獻了自己的一份力量。當然他畢竟是以利益為第一位的商人，且在生活方面極盡奢靡。

李鴻章

　　李鴻章是中國近代史上很有爭議的一位人物，他的一生帶有近代中國深刻的時代印記，並與中國的命運息息相關。李鴻章創建淮軍，發起洋務運動，興辦近代工業，籌建海軍，是中國近代化的先驅；他鎮壓農民起義，代表清政府同列強簽訂了「中法新約」、「馬關條約」、「中俄密約」、「辛丑合約」等一系列喪權辱國的條約，被世人罵爲「賣國賊」。不論生前還是死後，人們對李鴻章的評價始終毀譽參半。

一、仙鶴少年

　　李鴻章，字子黻，號少荃，晚年自號儀叟，安徽合肥人，一八二三年出生於一個官僚地主家庭。

　　李鴻章出生於正月，當時春雷鳴響，還有仙鶴起舞，再加上後來李鴻章長大後，身材較高大，所以，有些江湖術士便在他飛黃騰達後吹噓他有「仙鶴」之相。這種神秘色彩讓他在後來的外交生涯中出盡風頭。

　　李鴻章的父親李文安於道光十八年時考中進士，曾在刑部任主事，後升任郎中。其母親李氏，是合肥處士，雅稱無功名的讀書人。李洪謨之女，與李文安共生有六男二女，李鴻章在兄弟中排行第二。

　　李鴻章從六歲開始，他就在家館中讀書，李文安既是嚴父又是良師。其書房名叫棣華書房，

亦稱棣華書屋，是一所方塘花樹環繞的水閣，環境十分優美安靜，李鴻章在這裡度過了六年的家學生活。一八四三年，李鴻章奉父命進京，準備參加第二年的舉人考試。一八四四年，李鴻章參加鄉試中舉人。

一八四五年春，李鴻章參加京師會試，未中。此時曾國藩在翰林院任侍講學士，曾國藩與李鴻章之父李文安是同年，彼此關係不錯，於是李文安便命李鴻章到曾國藩門下學習義理經世之學。

義理經世之學主張讀書要「通於天道人事，志於經世匡時」，提倡關心時事和勇於探索現實的精神。李鴻章學於曾國藩門下，獲益匪淺。在跟隨曾國藩學習的兩年中，李鴻章一邊發奮攻讀經史，一邊著意學作科舉之文。

一八四七年，李鴻章再次參加會試，中二甲第十三名進士，被點為翰林，授翰林院庶吉士。十年寒窗苦讀，李鴻章終於如願以償。二年後，李鴻章於庶吉士散館時，以優異的成績被授翰林院編修。由此可見，李鴻章青少年時期走的是學而優則仕的道路。

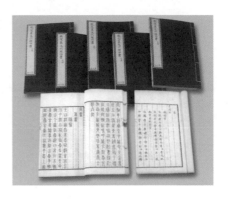

二、創建淮軍

就在李鴻章中進士，點翰林，躊躇滿志，意氣風發，準備大顯身手的時候，平民起義的暴風驟雨改變了李鴻章的人生軌跡。一八五一年，太平天國起義爆發，並迅速席捲中國南部，不到兩年的時間，就建立了一個與清朝政權相對立的平民政權。

為了鎮壓太平天國起義，清廷鼓勵各地的漢族地主舉辦團練，與清軍一起對付太平軍。於是李鴻章回鄉協助安徽地方官舉辦團練，鎮壓太平軍。

一八五九年，李鴻章前往建昌大營拜見恩師曾國藩，被留下來擔任幕僚。李鴻章深受曾國藩器重，李鴻章到建昌不足十天，曾國藩便決定由李鴻章主持訓練皖北軍隊，該軍隊是湘軍的一部分。八月十三日，曾國藩又召李鴻章回到身邊，幫助他處理軍中事務。從此，李鴻章成為曾國藩

的得力助手。

一八六〇年，太平軍攻破清軍江南大營後，隨即乘勝進攻蘇、杭，進而威脅上海。於是，曾國藩命李鴻章回安徽招募淮勇。

一八六二年二月初，皖籍人士張樹聲、劉銘傳、吳長莊、潘鼎新、周盛波等人紛紛回應，很快就編成一支十三營，共計六千五百人的隊伍，稱淮軍。其營制餉章、編制訓練以及武器裝備等都與曾國藩的湘軍一致。同年夏天，李鴻章統率淮軍從安慶到達上海，並任江蘇巡撫。至此，李鴻章由曾國藩手下的一名幕僚轉而變成清王朝的一員，並且在軍事上獨當一面。

第二次鴉片戰爭結束後，列強紛紛表示願意幫助清廷鎮壓太平天國起義。一八六三年六月，李鴻章決定兵分三路，採取「以剿爲堵」、「規取遠勢，以剪蘇州枝葉，而後圖其根本」的戰略，並夥同常勝軍進攻蘇、常一帶的太平軍。一八六三年十二月四日，太平天國將領郜永寬等殺死蘇州守將慕王譚紹光，投降淮軍，淮軍遂佔領蘇州。一八六四年五月十一日，李鴻章攻佔常州。按原計劃，李鴻章將戈登的常勝軍解

散，留下洋炮隊六百名、洋槍隊三百名士兵，並將其編入淮軍。七月十九日，湘軍將領曾國荃攻破太平天國首都南京，太平天國滅亡。八月一日，李鴻章被封為一等肅毅伯，賞戴雙眼花翎。

在攻陷蘇、常後，淮軍陸軍已發展到一百二十營，六萬人，再加上水師，共七萬多人，而且其武器裝備多用洋槍洋炮，並有開花炮隊六營。於是，淮軍成為當時清軍中武器裝備最好、戰鬥力最強的隊伍。

太平天國起義失敗後，各地的反抗陷入低潮，只有太平軍餘部遵王賴文光等與江北張宗禹等捻軍各部組成的新捻軍仍縱橫於中原、華北地區。清廷先後命僧格林沁、曾國藩鎮壓捻軍起義，都沒有成功。一八六六年十二月十二日，清廷命李鴻章負責剿捻。李鴻章採取馬隊和步兵配合，左右夾擊、前後堵截、畫河圈地、重重圍困的策略，分別於一八六八年一月和七月先後鎮壓東、西捻軍。因此，李鴻章被任命為湖廣總督，並加太子太保銜。這樣，李鴻章成為握有軍政實權的封疆大吏。

三、興辦洋務

在鎮壓平民起義的過程中，李鴻章還積極推行洋務運動，興辦了一批近代的軍事工業企業和民用工業企業。

所謂洋務運動，是指清朝同治、光緒年間興起的「求強」、「求富」的活動。參加這一活動的官員稱洋務派，李鴻章就是洋務派代表人物之一。

　　李鴻章初到上海時，深以中國的武器比不上西方為恥辱。為了學到洋人的技術，李鴻章決定自己設廠製造。一八六三年，李鴻章雇用英國人馬格里與直隸知州劉佐禹一起，首先創辦了松江洋炮局，後來又命副將韓殿甲、丁日昌在上海創辦了另外兩個洋炮局，合稱「上海炸彈三局」。一八六四年，松江局遷到蘇州，並改稱蘇州機器局。一八六五年，李鴻章在曾國藩的支援下，購買了一座美國人在上海建立的鐵廠，並將其與原來上海的兩個洋炮局合併，擴建為江南製造局。同年，蘇州機器局遷到南京，改為金陵機器局。一八七〇年，李鴻章在任直隸總督時，接管了天津機器局，並擴大了天津機器局的生產規模。

　　李鴻章創辦的這些軍事工業企業，全部都是官辦，產品直接供給軍隊，不計成本。在經營管理上不可避免地會產生腐敗，而且在生產材料和技術上對外國列強有很強的依賴性。但是它們又採用機器生產的生產方式，並雇用工人，因而具有資本主義企業的性質，是中國國防近代化的開始。

　　李鴻章以「求強」、「求富」為目的而興辦洋務事業：在十九世紀六〇年代，主要是以「求強」為目的興辦了一批近代軍事工業企業；到了七〇年代，李鴻章以「求富」為目的興辦了一批近代民用工業企業。

　　一八七二年年底，李鴻章創辦了輪船招商局，其目的是收回長江及航海外運權利。它是洋務

運動中由軍用企業轉向民用企業、由官辦轉向官督商辦的第一個企業。此後李鴻章還創辦了開平礦務局、電報總局、上海機器織布局、漠河金礦等民用企業。

李鴻章從興辦軍事工業企業轉向民用工業企業，說明他已經認識到軍事應以經濟為基礎，這是其洋務思想的一個進步。

四、籌建海軍

十九世紀七〇年代，中國邊疆危機頻傳。一八七四年，日本派兵三千人入侵台灣。有識之士認識到了日本的威脅，於是提出了海防的問題。與此同時，英、俄兩國加緊對中國新疆的侵略，左宗棠正準備率軍入疆，收復失地，塞防問題也十分重要。因此，朝廷中出現了一場海防與塞防之爭。李鴻章主張專顧海防，放棄塞防；左宗棠則主張二者並重。最後，清政府採納了左宗棠的建議。

醇親王巡閱北洋海防時的留影　清

一八七五年五月三十日，清政府命李鴻章和兩江總督沈葆楨分別督辦北洋和南洋的海防。一八七九年，沈葆楨去世，於是籌辦海防的大權便全部落在李鴻章手裡。

關於如何籌建海軍，李鴻章在一八七四年的〈籌議海防折〉中提出四項建議：以購船為主建軍；強調購置鐵甲大兵船；各要口添設一、二艘水炮台船，即小型炮艦，亦稱蚊子船；裁撤各省舊有水師之紅單、拖罟、艄板、艇船。從一八七五年至一八七九年，李鴻章委託總稅務司赫德，從英國阿摩士莊兵工廠訂造了八

頤和園全景圖

為了重修頤和園，李鴻章和奕譞不惜挪用海軍軍費。他們還打著建設海防的名義，號召天下官民捐款捐物，這些巨款被貪污或被建園揮霍。

艘小型炮艦，以備守口之用，另從該廠訂造了兩艘巡洋艦。同一時期，福建船政局造船七艘。

一八七九年，日本正式吞併琉球，並有窺伺台灣、朝鮮之意，於是清廷命李鴻章速購鐵甲船。

一八七九年十一月，李鴻章從英國訂購的鎮東、鎮西、鎮南、鎮北四炮艦來華。一八八一年九月、十月，從英國訂購的鎮中、鎮邊兩艘炮艦和超勇、揚威兩艘巡洋艦也先後駛回，這樣，加上原有的船隻，總數已達十四艘，北洋海軍初具規模了。

一八八四年，中法戰爭中，法國軍艦襲擊馬尾軍港，福建水師全軍覆沒，南洋海軍也受到一定損失。於是，清廷希望北洋海軍儘快建成，李鴻章深表贊同。一八八五年十月，清廷設立了海軍衙門，由醇親王奕譞總理海軍事務，任命奕訢和李鴻章為會辦。但實權掌握在李鴻章手中，他以整頓海防為名，加緊建設北洋海軍。

一八八五年以後，北洋海軍共購進艦艇十三隻，其中包括一八八五年到達中國的鐵甲艦定遠、鎮遠、濟遠，以及後來的致遠、靖遠、經遠、來遠四艘巡洋艦和六艘魚雷艇。

一八八八年，這些艦隻全部抵達天津大沽。這樣，北洋海軍加上原有的艦船已達二十五艘，於是北洋艦隊宣佈建成，此後還建成旅順和威海衛兩個海軍基地。

北洋海軍自建成後，發展緩慢，而且沒有買進任何新艦新炮。而海軍大臣奕譞為了討好慈禧，竟然挪用海軍經費二千萬兩

大清砲台

白銀去修頤和園。

　　一八九五年，中日甲午戰爭爆發。李鴻章採取消極避戰、保存實力的作戰方針。結果，在黃海海戰中，北洋艦隊損失慘重。威海衛陷落後，北洋海軍全軍覆沒。李鴻章苦心經營幾十年的北洋海軍，到頭來還是一場空。

五、力保和局

　　在近代中國外交史上，李鴻章是一個悲劇性的外交人物。由於清廷的腐敗無能，李鴻章在處理與列強的關係時只能委曲求全。另一方面，李鴻章對列強的本質缺乏足夠的認識。因而李鴻章在外交上堅持「力保和局」的宗旨，實行「外須和戎」的方針。

　　十九世紀七〇年代，中國邊疆危機日重。一八七〇年八月，李鴻章被任命爲直隸總督兼北洋大臣，集軍事、外交大權於一身。一八七四年，日本侵略台灣，高山族人民奮起抵抗。但李鴻章害怕事件擴大，認爲台灣是海外偏隅，不值得大動干戈，主張與日本簽定和約，以息事寧人。在中日簽訂「台事專條」後，日本得寸進尺，企圖吞併琉球。李鴻章認爲琉球是彈丸之地，對其不甚重視。一八七九年，日本佔領琉球，並改名爲沖繩。

　　在日本侵略台灣時，英國也在西南進行挑釁，結果發生了「馬嘉理事件」，英國藉機勒索。清廷派李鴻章與英國公使威妥瑪談判，威妥瑪對李鴻章不停地施以威脅，李鴻章擔心和局破裂，於是在一八七六年與威妥瑪簽訂了「中英煙台條約」。條約規定清廷賠款二十萬兩白銀，並派大臣赴英國謝罪，允許英國人到雲

南等省遊歷，開關印藏交通等。這一條約的簽訂，爲英國入侵雲南、西藏等地提供了方便。

一八八三年十二月，法國經過幾番試探後，派兵進攻駐紮在越南以西的中國軍隊，中法戰爭爆發。清軍一路潰敗，清廷不得不起用老將馮子材抗法。一八八五年三月，馮子材率領清軍在廣西鎮南關大敗法軍，取得鎮南關大捷，並乘勝追擊，收復了諒山等地，致使法國茹費理內閣倒台，從而扭轉了戰局。但是清廷缺乏勝利的信心，李鴻章認爲應該知足，乘機求和。他在給總理衙門的電報中說：「如在這時平心與法國議和，和款可無多大損害，否則兵禍又會接踵而起了。」一八八五年六月九日，李

鴻章代表清廷在天津與法國駐華公使巴德諾簽訂了《中法新約》。條約承認了法國對越南的保護，允許法國在中國西南開埠通商，使法國的勢力侵入雲南、廣西等省，西南邊疆危機更加嚴重。中國落了個「不敗而敗」的結局。

一八九五年，甲午中日戰爭中，北洋艦隊全軍覆沒。面對如此沉重的打擊，慈禧太后決定與日本議和。她於一八九五年二月十三日，任命李鴻章爲頭等全權議和大臣與日本商訂和約。

一八九五年三月十四日，李鴻章率領隨員羅豐祿、伍廷芳、馬建忠，及其子李經方和顧問科士達從天津赴日談判，於十九日到達日本馬關。李鴻章和日方首

席代表日本首相伊藤博文進行了七次談判，李鴻章在談判中極力維護中國的權益。二十四日，第三次談判結束後，在回行館途中，李鴻章遭到日本浪人小山豐太郎的開槍行刺，彈中左頰，血流不止。消息傳出，中外震驚。因談判代表遭襲擊，日本政府在國際上大失體面，於是不得不稍作讓步，將賠款由三億兩白銀減少為二億兩白銀。

四月十日，李鴻章傷癒，才重新開始談判。日本首相伊藤博文表示條款不可再減，只有允與不允而已。對此，李鴻章只好電告清廷。四月十七日，李鴻章在「馬關條約」上簽字。十八日，李鴻章一行離開馬關回國。

「馬關條約」規定：中國承認日本控制朝鮮；割遼東半島、台灣和澎湖列島給日本；賠償日本軍費二億兩白銀等。「馬關條約」簽訂後，舉國上下紛紛譴責李鴻章。清廷於是免去李鴻章北洋大臣、直隸總督的職務。由於「馬關條約」的刺激，李鴻章發誓再不踏上日本國土。兩年後，李鴻章環

遊歐美歸來時，途經橫濱，也不肯登岸。正如後人詩中所說：「舟人哪識傷心地，為拔前程是馬關。」

六、晚年生涯

「馬關條約」的簽訂，使李鴻章失去了直隸總督和北洋大臣的重要職位，並留京「入閣閒居」。

此時，中國已面臨被列強瓜分的危險。日本割佔遼東半島，損害了俄國的利益，於是俄國便糾集法、德向中、日施加壓力。為此，清廷命李鴻章為歸還遼旅議約全權大臣，與日本駐北京全權大臣林權助談判，最終達成協定：清廷

以三千萬兩白銀贖回遼東半島。這樣一來，俄國在清廷和李鴻章眼裡便成了「救星」。

一八九六年，俄國沙皇尼古拉二世舉行加冕典禮。清廷為了報答俄國，決定派李鴻章為頭等專使參加俄國沙皇尼古拉二世的加冕典禮，然後前往英、法、德、美等國遞交國書，聯絡邦交。

一八九六年三月二十八日，李鴻章離國，於四月三十日到達

俄國首都聖彼得堡。在參加俄國沙皇尼古拉二世加冕典禮期間，李鴻章在得到清廷批准後，與俄國簽訂了「中俄密約」。條約允許俄國修築的西伯利亞鐵路經過吉林、黑龍江，直達海參崴。

然後，李鴻章又訪問了英、德、荷、比、法、美等國，於一八九六年十月三日回到天津。李鴻章此次出訪，長達半年之久，並親身經歷了西方文明，眼界開闊許多。這也使得他曾一度贊同康有為、梁啓超發動戊戌變法。

一八九八年六月十一日，光緒帝下詔決心變法，並於十六日召見康有為。康有為退下後，軍機大臣奏請授康有為總理衙門行走。當時李鴻章也在，後李鴻章見到康有為時歎惜說，手無實權，又有榮祿彈劾，難授其以高

官。京師大學堂成立後，李鴻章曾推薦康有爲任總教習，但未獲成功。一八九九年，因康有爲、梁啓超在海外成立保皇會，慈禧命李鴻章任兩廣總督，鎮壓康、梁餘黨。李鴻章表面上頒文懸賞，以除康梁，私下裡卻不以爲然。

一九〇〇年，八國聯軍侵華，並很快攻到京城，慈禧太后倉皇出逃。爲了求和，慈禧於八月七日任命李鴻章爲議和大臣，並授予「便宜行事」、「不爲遙制」的權力。十月十一日，李鴻章到達北京，並與慶親王奕劻一起代表清廷向八國求和。十二月二十四日，列強提出議和大綱，李鴻章立即電奏慈禧。慈禧見條款上沒有將她作爲禍首，於是電令李鴻章遵行。一九〇一年九月七日，李鴻章、奕劻代表清廷與列強簽訂了「辛丑合約」。條約規定：中國向列強賠款四億五千萬兩白銀，如加上利息達九億八千萬兩；各國在東交民巷設立使館；拆除大沽炮台等。從此，中國完全淪爲半殖民地，清廷完全成爲列強統治中國的工具。

「辛丑合約」簽訂兩個月後，即一九〇一年十一月七日，李鴻章病逝於北京，清廷賜給他「文忠」的諡號。

鐘　清
宣告清王朝滅亡的警鐘，隨著「辛丑合約」的簽訂已被重重敲響。

「辛丑合約」簽字現場舊照　清

國家圖書館出版品預行編目資料

中國名人探秘／賈文紅主編；
初版.──臺中市 ：好讀, 2005[民94]
面： 公分，──（人文誌；17）

ISBN 957-455-850-9（平裝）

782.1　　　　　　　　　　94006576

人物誌17

中國名人探秘

主　　編／賈文紅
文字編輯／游雅筑
美術編輯／劉彩鳳（歐米創意）
發行所／好讀出版有限公司
台中市407西屯區何厝里19鄰大有街13號
TEL:04-23157795　FAX:04-23144188
網址/http://howdo.morningstar.com.tw
e-mail/howdo@morningstar.com.tw
法律顧問/甘龍強律師
印製/知文企業（股）公司　TEL:04-235810803
初版/西元2005年5月15日

總經銷/知己圖書股份有限公司
網址/http://www.morningstar.com.tw
e-mail/itmt@morningstar.com.tw
郵政劃撥：15060393
台北公司：台北市106羅斯福路二段79號4樓之9
TEL:02-23672044　FAX:02-23635741
台中公司：台中市407工業區30路1號
TEL:04-23595820　FAX:04-23597123

定價：420元
特價：269元

書名：中國名人探秘

1. 姓名：＿＿＿＿＿＿ □♀ □♂ 出生：＿年＿月＿日
2. 我的專線：（H）＿＿＿＿＿＿ （O）＿＿＿＿＿＿
   　　　　　FAX ＿＿＿＿＿＿ E-mail ＿＿＿＿＿＿
3. 住址：□□□＿＿＿＿＿＿＿＿＿＿＿＿＿
4. 職業：
   □學生 □資訊業 □製造業 □服務業 □金融業 □老師
   □SOHO族 □自由業 □家庭主婦 □文化傳播業 □其他＿＿
5. 何處發現這本書：
   □書局 □報章雜誌 □廣播 □書展 □朋友介紹 □其他＿＿
6. 我喜歡它的：
   □內容 □封面 □題材 □價格 □其他＿＿＿＿
7. 我的閱讀嗜好：
   □哲學 □心理學 □宗教 □自然生態 □流行趨勢 □醫療保健
   □財經管理 □史地 □傳記 □文學 □散文 □小說 □原住民
   □童書 □休閒旅遊 □其他
8. 我怎麼愛上這一本書：

   ＿＿＿＿＿＿＿＿＿＿＿＿＿＿＿＿＿＿＿＿＿
   ＿＿＿＿＿＿＿＿＿＿＿＿＿＿＿＿＿＿＿＿＿
   ＿＿＿＿＿＿＿＿＿＿＿＿＿＿＿＿＿＿＿＿＿

『輕鬆好讀，智慧經典』
有各位的支持，我們才能走出這條偉大的道路。
好讀出版有限公司編輯部　謝謝您！

更方便的購書方式：

(1) **信用卡訂購**　填妥「信用卡訂購單」，傳眞或郵寄至本公司。

(2) **郵 政 劃 撥**　帳戶：知己實業股份有限公司　帳號：15060393
　　　　　　　　在通信欄中塡明叢書編號、書名及數量即可。

(3) **通 信 訂 購**　填妥訂購人姓名、地址及購買明細資料，連同支
　　　　　　　　票或匯票寄至本社。

◉單本以上9折優待，5本以上85折優待，10本以上8折優待。

◉訂購3本以下如需掛號請另付掛號費30元。

◉服務專線：（04）23595819-232　FAX：（04）23597123

◉網　　　址：http://www.morning-star.com.tw